번역이란 무엇인가

차례
Contents

03 들어가는 말 08 번역이란 무엇인가 28 무엇이 좋은 번역인가
45 번역능력이란 무엇인가 67 번역의 실제 86 맺는 말

들어가는 말

오늘날만큼 '소통'이 화두였던 적이 있을까? 인터넷과 IT기술의 발달로 소통에의 욕구가 더 간절해진 것인지 혹은 소통에 갈급(渴急)이 난 우리시대가 첨단의 소통방법을 계속 만들어 나가는 것인지가 혼란스러울 정도로 우리시대는 소통의 시대, 커뮤니케이션의 시대인 것처럼 보인다. 따라서 특수한 형태의 소통수단이라고 할 수 있는 '번역'이 화두가 되는 것은 그리 놀랄 만한 일은 아니다. 서울의 길거리를 걷다 보면 소위 '번역'을 해준다고 써 있는 작은 간판이나 상호를 발견하기가 어렵지 않고, 서점에 가면 영어권의 문학서뿐 아니라 과거에는 잘 알려지지 않았던 제3세계 작품들의 번역서가 즐비하게 진열되어 있다. 이러한 번역 바람은 학계에서도 예외가 아니어서 아시아에서 최초로 국내에 번역학 박사과정[1]이 개설되었으며, 번역을 화두로 하는 수많은 서적들이 출판되고 있다. 심지어는 오늘날 인문학의 위기가 번역에 대한 인식 부족에서 비롯되었다는 우려의 목소리까지도 나오고 있다. 이 밖에도 번역능력을 검정한다는 시험들이 생겨나고 기계번역에 대한 대규모 연구들이 진행되고 있으며, 학부의 어문학 학사과정에도 번역 과목이 속속 개설되고 있다. 번역이라는 것에 대해 무관심하던 사람들도 바야흐로 번역이 무엇인지에 대하여 궁금증을 가지기 시작할 만큼 이제 우리는 번역에 노출된 사회 속에서 살아가고 있다.

번역이란 무엇인가? 이 질문에 답하는 방식은 하나일 수 없다. 번역을 직업으로 삼는 번역사가 자신의 체험을 통하여 터득한 번역의 노하우를 정리, 소개하는 방식도 하나의 대답이 될 수 있을 것이고, 번역학자의 입장에서 번역이론을 설명할 수도 있으며, 보다 넓게는 번역이 인류의 역사 속에서 어떠한 역할을 수행해 왔는지를 통찰하면서 우리 사회에서 번역이 담당해야 할 몫을 역설할 수도 있을 것이다. 아니면 번역의 질적 향상을 위하여 시중에 나와 있는 출판 번역물들의 문제점과 오류를 지적할 수도 있을 것이다. 번역을 가르치는 교사로서 자신의 교육 경험을 통하여 무엇을 어떻게 가르쳐야 하는지에 대한 설명을 제시할 수도 있을 것이다. 그리고 이미 이러한 종류의 서적들은 대형서점의 서고를 가득 메우고 있다.

그런데 현재까지 번역과 관련하여 제시된 담론들을 살펴보면, '번역'이라는 제목을 달고 있으나 실제로는 번역현상의 극히 일부에 국한되는 내용을 다루고 있는 경우가 많아 특정 영역, 특정 장르의 번역이 마치 번역 현상의 전체를 대변하는 것처럼 간주되는 경우가 많다. 문학번역만을 해 온 번역사가 번역에 대하여 이야기할 때는 '번역=문학번역'이 되고, 영상번역 전문가의 번역론에서는 '번역=영상번역'인 것처럼 오해된다. 물론 이러한 시각들은 각 개인들의 구체적 체험들을 토대로 한 소중한 자료들임을 부정할 수 없으나, 실제 현실 속에서 번역은 지극히 다양한 양상으로 드러나며 그 다양한 양상 역시 끝없이 변화하고 있다는 사실이 종종 간과되곤 한다. 이탈리아 시인의 명시를 번역하는 작업과 계약서를 번역하는 작업이 같을 수 없으며, 한국에서 20년 전 사전을 뒤적여 가며 원고지를 빼곡히 채워가며 번역하던 번역사와 오늘날 인터넷과 각종 전자사전, 컴퓨터 프로그램을 동원하여 번역하는 번역사의 작업이 같을 수 없을 것이다. 또한 링구아 프랑카(lingua franca), 즉 세계어(世界語)로서 자리를 잡아가고 있는 영어를 한국어로 번역하는 일과 힌디어나 스와힐리어로 쓰인 문서를 번역하는 일이 같을 수는 없을 것이다. 문제는 이 모든 것이 '번역'이라는 우산 아래 놓여 있으며, 따라서 번역을 제대로 이해하려면 이러한 다양성들이 모두 녹아들어 있는 개념으로 번역을 바라보아야 한다는 점이다.

따라서 본서는 번역의 이론 및 실제를 최대한 큰 그림으로 제시하고자 한다. 성급한 일반화와 개괄화의 위험을 무릅쓰고 이러한 방식으로 접근한 이유는 '번역'을 특정 언어, 특정 분야의 전유물로만 가두어 두지 않는 것이야말로 번역행위가 본질적으로 가지고 있는 '다양성'을 이해하는 출발점이 될 것이라는 판단에서이다. 이러한 작업을 통해서만이 번역이라는 큰 그림 속에서 작은 부분들을 이루는 다양한 유형의 번역을 그 실천을 유리시키지 않고, 동시에 전체와의 유기적 관계 속에서 보다 명료하게 이해할 수 있을 것이다. 또한 이러한 작업을 통해서만이 번역은 더 이상 추상적인 개념이 아닌 하나의 직업으로서, 진공 상태에서 존재하는 막연한 단어로서가 아닌 현장 속에서 구체적으로 존재하는 실무로서 이해될 것이다.

본서는 번역에 대한 네 가지 질문에 대한 대답 형식으로 구성되어 있다.

'번역이란 무엇인가'에서는 일견 당연하게 생각해 온 번역 개념이 가지고 있는 모호함을 이해하고 동시에 번역과 관련하여 존재해 온 편견들을 짚어 보고자 한다.

'좋은 번역이란 무엇인가'에서는 번역담론 속에서 빈번하게 등장하는 주요 개념들을 중심으로, 오늘날 번역과 관련한 논의의 중심에 위치하고 있는 물음, 즉 좋은 번역이란 무엇인가라는 문제를 살펴보고자 한다.

앞의 두 부분이 번역에 대한 다소 추상적이고 개념적인 접근이라면 뒤에서는 보다 구체적이고 실무적인 접근을 채택하고자 한다.

'번역능력이란 무엇인가'에서는 실제 번역을 수행하는 주체로서의 번역사에 대해 생각해 보고자 하며, 특히 번역사를 번역사이게끔 만드는 번역능력이라는 것이 무엇인지, 그것이 외국어능력 혹은 언어능력과는 어떻게 다른지에 대해 생각해 보고자 한다.

마지막으로 '번역의 실제'에서는 번역유형별로 정리하면서 직업으로서의 번역에 대하여 구체적 예들을 통하여 살펴보고자 한다.

읽기를 방해하지 않기 위하여 가능한 한 출처, 저자명 등은 미주로 처리하였으며, 이론들을 언급할 때는 최대한 쉽게 풀어서 설명하였다. 예시 형태로 제시된 자료들은 가능한 한 실제의 데이터들을 사용하였다.

번역이란 무엇인가

어디까지가 번역인가

 번역이란 무엇인가? 이 질문이 우문(愚問)처럼 느껴지는 이유는 아마도 우리가 오늘날 번역이 홍수처럼 넘쳐나는 세상에 살고 있기 때문이리라. 대형 서점의 베스트셀러 목록의 상당 부분을 '번역서'가 차지하고 있고, 시내 번화가의 어느 골목에서든 '공증 및 번역 가능'이라는 간판을 쉽게 만날 수 있으며, 고등학교 시절부터 '다음 지문을 한국어로 번역하시오'라는 문제를 풀어 온 우리에게 새삼스럽게 번역이 무엇이냐고 묻는 것은 어쩌면 아무도 궁금해 하지 않는, 혹은 누구나 당연히 알고 있는 것에 대한 물음처럼 느껴지기도 한다. 번역이 무엇이

냐니…… 우리를 둘러싸고 있는 이 수많은 '번역'들이 바로 번역이 아니고 무엇이겠는가? 어쩌면 실무적 차원에서는 번역이 무엇인지에 대한 '암묵적' 합의가 존재하고 있는 것처럼 보인다. 그러나 조금만 더 자세히 들여다보면 번역이라는 말이 오늘날 우리 사회에서 얼마나 다의적으로 사용되는지를 쉽게 감지하게 된다.

예1) 독일의 철학자 하이데거가 쓴 『존재와 시간』은 그 내용이 너무도 난해하여, 독일인들은 독일어로 쓰인 이 책을 두고도 '독일어로 언제쯤 **번역**되느냐'고 우스갯소리를 했다고 한다.

예2) 이해하는 것은 **번역**하는 것이다.(슈타이너)

예3) 미국 유학을 준비하고 있는 철수는 평소 영어를 잘하는 친구에게 자신의 대학졸업증명서를 영어로 **번역**해 달라고 부탁한다.

예4) 영어와 불어를 공용어로 사용하는 캐나다에서는 일기예보를 영불기계번역프로그램으로 **번역**한다.

예5) 악보는 말과 달라서 점자로 **번역**하기가 훨씬 더 어렵다.

위에서 제시한 예 이외에도 '번역' 개념의 다양한 용례는 무한히 열거될 수 있을 것이다. 예1)과 예2)는 동일한 언어 내에서도 '번역'이 이루어질 수 있음을 보여 준다. 즉, 한국어를 한국어로 '번역'하는 것이 가능한데, 예를 들어 성인을 대상으로 쓴 글을 청소년을 위해 쉽게 고쳐 쓰거나 어려운 법률문서를 일반인들을 위해 풀어쓰는 등의 작업도 일종의 번역으로 볼 수 있는 것이다. 예3)과 예4)는 서로 다른 언어 간의 번역, 다시 말해 우리가 일반적으로 '번역'이라고 부르는 작업을, 예5)는 서로 다른 기호체계 간의 번역을 지칭하고 있다. 그런데 이토록 성격도 내용도 다른 작업들을 과연 '번역'이라는 하나의 단어로 통칭할 수 있는가? 더욱이 한국어에서와는 달리 영어에서의 'translation'은 종종 우리가 '통역'이라 부르는 것까지도 포함하고 있어서 'translator'는 상황에 따라서 통역사와 번역사를 모두 포괄하는 것으로 보인다. 그렇다면 한국어에서의 '번역' 역시 통역을 포함하는 확장된 개념으로 인식해야 하는 것일까? 왜 우리는 통역과 번역을 그토록 엄격히 구분하고 있는 반면, 서구의 'translator'라는 말은 통·번역사를 모두 아우르는 것일까? 그렇다면 'translation'은 '번역'이 아닌 '통번역'으로 옮겨져야 하는 것은 아닐까?

위의 예문들을 토대로 우리는 번역의 종류를 크게 언어 내적 번역, 언어 간 번역, 기호 간 번역 등 세 가지로 나누어 볼 수 있겠다.[2] 언어 내적 번역은 동일한 언어체계 내에서 같은 말을 다른 언어기호로 해석하는 것을 말하며, 언어 간 번역은 특정 언어로 쓰인 텍스트를 다른 언어로 옮기는 것이다. 마지막으로 기호 간 번역은 언어기호를 비언어적 기호체계로 바꾸는 것으로 위에서 예로 든 것처럼 악보를 점자로, 혹은 일반 문서를 수화로 바꾸는 작업 등이 여기에 해당된다. 그러나 이러한 분류 속에서 '번역'이라는 개념은 지극히 방대해져서 종국에는 '번역이 아닌 것이 없는 것처럼' 느껴진다. 악보를 읽고 이를 노래로 표현하는 것도 번역이고, 다른 사람의 말을 듣고 이를 자신의 언어로 정리해 내는 것도 번역인 것이다.

본서에서는 위의 분류상 두 번째 종류의 번역, 즉 하나의 언어를 다른 언어로 바꾸는 작업인 협의의 번역에 대한 논의로 내용을 한정하여 살펴보고자 한다. 서로 다른 언어 간의 번역이란 무엇이며, 어떤 방식으로 이루어지는 작업인가?

서로 다른 언어 간의 번역

서로 다른 언어 간의 번역을 간단히 도식화하면 아래의 그림으로 요약할 수 있을 것이다.

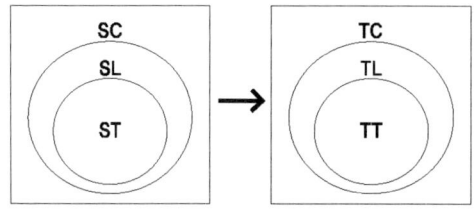

우선 위의 도식에서 사용된 용어들을 설명해 보자. 예를 들어 어떤 번역사가 미국의 소설가가 영어로 쓴 소설을 한국어

로 번역한다고 가정하자. 이 경우 영어로 된 소설 원문이 원천텍스트(Source Text, ST)가 되며 번역가가 생산해 내는 한국어 번역문이 목표텍스트(Target Text, TT)가 된다. 그리고 원문에 사용된 언어, 즉 원천언어(Source Language, SL)는 영어가 되며, 번역문에 사용된 언어, 즉 목표언어(Target Language, TL)는 한국어가 된다. 원천언어는 당연히 원천문화(Source Culture, SC)를 이루는 한 부분이 되며, 목표언어 역시 목표문화(Target Culture, TC)의 일부를 이룬다. 다소 복잡해 보이지만 실은 이 모든 설명들은 번역행위가 하나의 언어(SL)로 쓰인 텍스트(ST)를 또 다른 언어(TL)로 쓰인 번역문(TT)으로 옮기는 작업이라는, 어찌 보면 우리가 이미 알고 있는 사실을 도식화하여 설명한 것일 뿐이다.

위의 그림에서 번역 작업은 작은 화살표 하나로 표시되어 있을 뿐이다. 그래서인지 우리는 종종 번역 작업을 언어에 능통한 사람이면 누구나 소화해 낼 수 있는 지극히 기계적이고 단순한 작업으로 착각하곤 한다. 그렇지만 실제로 위의 도식은 번역행위의 본질적 측면에 관해서는 어떤 것도 설명해 주지 못한다. 왜냐하면 우리가 파악하고자 하는, 그리고 파악해야만 하는 것은 바로 원문에서 번역문으로 옮겨가는 사이, 위의 도식에서 화살표 하나로 표시된 대목에서 일어나는 일련의 과정들이기 때문이다. 원문을 번역문으로 옮긴다고 할 때, 과연 번역사는 원문의 무엇을 번역문으로 옮겨 내야 하는 것이며, 그 과정은 어떻게 설명될 수 있는가? 번역이 원문의 어떤 것을 담아 내야만 흔히 말하는 '좋은 번역'의 조건을 갖추게 되는 것일까? 이제 우리는 번역의 보다 핵심적인 문제에 접근해 보고자 한다.

번역은 일의적(一義的)으로 정의 불가능하다

번역은 태곳적부터 존재해 왔으며 지구상에서 가장 오래된 직업 중 하나라고 한다. 이집트 고왕국 시대에도 번역이 존재했다는 사실을 토대로 판단해 보면, 인류가 서로 다른 문자를 사용하기 시작한 그 순간부터 어떤 형식으로든 번역이 존재해 왔을 것이라고 추정하는 것이 크게 틀리지는 않아 보인다.[3] 그럼에도 불구하고 번역이 여전히 명쾌하게 정의되지 않는 채로 남아 있다는 사실은 우리를 종종 놀라게 한다. 우선 국어사전에서 번역을 어떻게 정의하고 있는지를 살펴보자.

> 번역 : 어떤 나라의 말이나 글을 다른 나라의 말이나 글로 옮기는 것.
>
> 번역되다 : 어떤 나라의 말이나 글이 다른 나라의 말이나 글로 바꾸어 옮겨지다.
>
> 번역물 : 외국어에서 번역한 글이나 책.[4]

위의 정의들은 일견 명쾌해 보이지만, 실은 번역에 대해 어떤 새로운 정보도 주지 않는 동어 반복적 정의이다. '번역'이라는 명사의 정의를 살펴보면 '어떤 나라의 말이나 글'이라는 표현이 눈에 들어온다. '말이나 글'이라 함은 입말과 글말을 통칭하는 것일까? 시종일관 사용된 '옮기다'라는 동사의 의미는 무엇이며, 구체적으로 무엇을 옮긴다는 것일까? 그리고 '번역물'이 '외국어에서 번역한 글이나 책'만을 지칭한다면 한국어에서 독일어로 번역된 텍스트는 번역물이 아니라는 말인가? 위의 정의의 한계는 명백해 보이며, 그 자체로서 번역의 개념이 얼마나 불투명하고 복잡한지를 그대로 보여 주고 있다.

이쯤에서 우리는 번역을 연구한 학자들이 번역을 어떻게 정의했으며 그들의 정의가 어떤 변화를 겪어 왔는지를 잠시 살펴보고자 한다.

1970년대만 해도 번역은 언어학의 하위분야, 보다 구체적으로는 응용언어학의 하위분야로 인식되었다. 언어학을 토대로 번역에 접근한 학자들은 번역을 전적으로 언어적인 현상으로 간주하였으며 대체로 '원문과 등가의 텍스트를 생산해 내는 것'으로 번역 작업을 정의하였다. '등가(等價, equivalence)' 개념은 여러 학자들이 번역을 정의하기 위해 사용한 개념이지만, 학자별로 그 의미는 조금씩 다르게 정의되었다. 등가라 함은 말 그대로 '동일한 가치를 가진다'는 의미이다. 번역이란 원문과 다른 언어로 동일한 가치를 가진 텍스트를 생산해 내는 것이라고 정의된 것이다. 이후 많은 학자들이 다양한 종류의 등가 개념을 제시하였다. 원문과 번역문 간의 언어 형식의 일치를 의미하는 형식적 등가, 원문과 번역문이 독자로부터 동일한 효과를 유발해야 한다는 의미의 '역동적 등가'[5], 이 밖에도 화용적 등가, 의미적 등가 등 다양한 종류의 등가가 생겨나기도 하였다. 이후 오늘날에 이르기까지 번역에 대한 논의를 지배해 온 핵심적 개념인 '등가'는 어떻게 보면 번역의 정의라기보다는 번역이 지향해야 할 바를 설명하는 개념으로, 한국어 사전에서 단순히 '다른 언어로 옮기는' 것으로 정의되었던 번역작업의 성격이 보다 구체화되었음을 감지할 수 있다.

그런데 번역이라는 것이 늘 한 언어로 쓰인 텍스트를 다른 언어로 '등가적으로' 옮겨 내는 작업으로 정의될 수 있을까? 예를 들어 독일의 소설가가 일반대중을 위하여 쓴 소설을 한국어로 번역하면서, 대상독자를 12~13세의 청소년으로 설정한다고 하자. 이것은 분명 아동문학번역의 범주에 속하는 작업이므로 원문과 등가한 번역문이 아닌, 원문과는 전혀 다른 가치를 가진 번역을 생산해 내야 한다. 그리고 사실 번역된 텍스트가 실제로 '등가적'인지의 여부는 과연 무엇을 기준으로 판단해야 하는 것일까? 일일이 번역물을 읽은 독자들에게 설문조사를 할 수도 없고 결국은 '등가'란 '등가로 추정되는', 보다 구체적으로는 '번역사가 생각하기에 원문과 등가인 것으로 추정되는' 번역을 의미하는 것이 아닌가? 어찌 보면 '번역'이라는 말과 '등가'라는 말은 동의어가 아닐까? 번역은 등가로 정의되고 등가는 또한 번역 속에서만 정의되기 때문이다. 따라서 무엇을 '등가적인' 것으로 보느냐의 문제는 여전히 남아 있다. 이러한 난점을 교묘하게 피하고자 번역을 아래와 같이 정의한 학자도 있다.

> 번역이란 특정 시기에 특정 문화에 의해 번역이라는 이름으로 불리는 것이다.[6]

21세기 한국에서 우리가 '번역'이라고 부르는 것과 19세기 독일낭만주의 시대에 '번역'이라고 불렸던 것은 서로 다를 수밖에 없다. 따라서 번역이 무엇인지는 특정한 시기, 특정 문화권에 속한 사람들이 '번역이라고 부르기로 합의한' 내용에 의해서 결정된다는 것이다. 16세기 프랑스 고전시대의 번역은 주로 문학이나 철학의 번역이었고, 독일낭만주의 시대에는 시 번역이 큰 비중을 차지하였다. 실제로 오늘날에는 기계번역도 번역이고 파워포인트 자료의 번역도 번역이다. 이 밖에도 영상번역, 광고번역, 카피번역 등 과거에는 상상도 하지 못했던 다양한 종류의 번역이 존재한다. 이러한 점들을 감안할 때 위의 주장은 일리가 있어 보인다. 어쩌면 번역이라는 것이 기본적으로 정의하기 불가능한 것임을 인식하고, 현재의 번역 정의 역시 상당히 가변적이며 시대의존적, 문화의존적인 것임을 받아들여야 할 것이다. 이러한 논리에서라면 번역사는 자신이 속한 사회 및 문화에서 결정하는 번역의 범주 안에서 번역을 수행할 뿐인지도 모른다. 그리고 이러한 시대나 문화를 넘어서서 번역을 그 자체로서 정의하는 것은 거의 불가능해 보인다.

이러한 번역의 특성을 포착하고 '번역 개념은 아포리아

(aporia)이다'라고 주장한 학자도 있다.7) 아포리아란 스스로의 무지를 자각하게 하기 위해 대화의 상대를 궁지에 빠뜨린 소크라테스에서 유래한 것으로 그리스어로 '해결할 수 없는 난제'를 뜻한다. 번역을 정의하려 하면 할수록 우리는 미궁에 빠지게 되고 다른 개념들의 도움 없이 번역이 정의되지 않음을 발견하게 되며, 결국은 쳇바퀴를 돌듯 같은 말을 반복할 뿐 절대로 정의에 이르지 못한다는 것이다. 그렇다면 이 아포리아를 어떻게 빠져나와야 할까?

번역이 정의 불가능한 것이라면, 혹은 번역에 대한 기존의 정의가 번역개념의 본질을 이해하는 데에 별로 도움이 되지 않는다면 우리는 다른 방식으로 접근해 보고자 한다. 즉, 번역의 본질을 이해하기 위해 일반적으로 번역에 대해 가지고 있는 오해나 편견을 먼저 언급해 보고자 한다. 물론 우리는 한국 사회, 국내의 상황을 출발점으로 삼고자 한다. 앞서 언급한 것처럼 번역의 정의가 시대의존적, 사회의존적인 것이라면 우리의 번역에 대한 이해의 출발점 역시 우리가 속해 있는 사회 및 언어권이어야만 한다. 우리는 번역이 무엇인가라는 질문에 대답하기에 앞서 국내에서 번역이 종종 무엇과 혼동되고 있는지를 먼저 살펴보고자 한다. 다시 말해 번역과 자주 혼동되는 개념을 번역과 명확히 구분하는 것을 번역을 정의하는 작업의 출발점으로 삼고자 한다.

번역은 작문·독해가 아니다

영어를 제2외국어로 학습하는 과정에서 누구나 한번쯤 만나 보았을 아래의 영어문장을 생각해 보자.

He is too young to go to school.

위의 지문을 한국어로 옮기는 작업은 영어의 too/to 용법을 이해했는지를 확인하는 데 목적을 두고 있다. 영어의 too/to 용법은 일반적으로 '너무 ~하여 ~할 수 없다'로 번역해야 한다고 배운다. 따라서 위의 문제의 정답이 아래와 같음에 이견이 없을 것이다.

그는 너무 어려 학교에 갈 수 없다.

언어학습의 과정에서 주로 사용되는 이러한 작업에서는 번역이 '언어학습의 도구'로 활용된다. 이는 학습번역 혹은 교육적 번역(pedagogic translation)이라 부르는 것으로, 번역 대신 '작문·독해'라는 말과 혼용되기도 한다. 일반적으로 한국어에서 외국어로 옮기는 작업을 '작문'이라 하며, 외국어에서 한국어로 옮기는 작업을 '독해'라 한다. '영작문 수업'이라고 하면 한국어로 된 간단한 문장이나 텍스트를 영어로 옮기는 것을 칭하며 '스페인어 독해'라고 하면 스페인어로 된 텍스트를 한국어로 옮기는 작업을 칭한다. 그러나 이러한 규칙은 늘 지켜지는 것은 아니어서, 종종 이러한 작업 역시 '번역'이라는 명칭으로 불리기도 한다. 그런데 작문·독해는 우리가 연구하고자 하는 의미의 '번역'과 여러 가지 차원에서 차이가 있다.

첫째, 번역과 작문·독해는 작업의 목적 자체가 다르다. 작문·독해의 경우 일반적으로 언어학습자의 언어능력을 제고하는 데에 그 목적이 있다. 위의 지문을 예로 들자면, 정답 여부를 판가름하는 기준은 해당 언어학습자가 영어의 too/to 구문을 잘 이해했는지 여부에 달려 있다. 반면 번역의 경우, 그 목적은 서로 다른 언어 간의 소통에 있다. 따라서 해당 문장의 이해 단계에서 멈추지 않고 그것을 적절한 방식으로 '표현'해내는 것이 관건이다.

둘째, 번역과 작문·독해를 구분 짓는 또 하나의 차이점은 바로 대상독자(adressee)가 다르다는 데에 있다. 위의 지문을 다시 예로 들어 설명해 보자면, 작문·독해의 경우에는 한국어와 영어를 모두 이해하는 사람(대부분의 경우 해당 언어를 가르치는 교사)이 언어능력의 평가를 목적으로 결과물을 읽게 된다. 반면, 번역의 경우 대부분 원문을 모르는 사람을 대상으로 하는 작업이다. 물론 한국어로 번역 출판된 서적을 원문과 대조해가며 읽는 독자들도 간혹 있으나 이는 매우 드문 경우이며, 대부분의 번역물은 원문의 언어(SL)에 직접 접근할 수 없는 독자들을 대상으로 한다. 따라서 번역된 텍스트는 그 자체로서 독립적이고 완결성 있는 텍스트여야 한다. 다시 말해, 원문의 도움 없이 번역텍스트가 홀로 이해될 수 있어야 한다. 당연한 사실 같지만 이는 번역초보자들에 의해 상당히 빈번하게 간과되는 부분이기도 하다. 예를 들어, 프랑스어로 쓰인 에스프레소(espresso) 머신의 사용설명서를 한국어로 번역한다고 하자. 해당 사용설명서를 읽게 될 한국의 소비자들은 프랑스어를 전혀 모르는 사람들이다. 다시 말해 한국어 사용설명서를 읽다가 이해가 안 되는 부분에서는 프랑스어 사용설명서 원문을 참고해 가며 읽을 수가 없는 것이다. 따라서 한국어로 번역된 사용설명서는 한국의 소비자들이 그 설명서만 읽고도 문제없이 에스프레소를 만들어 마실 수 있을 정도로 명료해야 하는 것이다.

셋째, 작문·독해와 번역은 맥락이 주어지는가 여부에 따라 구분할 수 있다. 위에서 예로 든 영어 문장 'He is too young to go to school.'을 전문번역사가 번역하게 된다고 가정해 보자. 번역사는 위의 지문을 다음과 같은 다양한 방식으로 번역할 수 있을 것이다.

1) 그 아이는 학교 가기는 아직 일러.
2) 톰은 아직 학교 갈 나이는 아니야.
3) 우리 아들은 나이에 비해 아직 학교 갈 만큼 성숙하지 못해.

독자가 이미 간파한 것처럼 영어 원문의 'he'는 '그 아이' '톰' '우리 아들' 등 다양한 방식으로 번역되었으며, 영어의 too, to 역시 '~하기는 이르다' '아직 ~할 나이는 아니다' 등 다양한 방식으로 옮겨졌다. 번역사는 이렇게 다양한 번역문 중 어느 하나를 최종적인 번역문으로 선택하게 된다. 그렇다면 이러한 선택의 기준이 되는 것은 무엇일까? 그것은 바로 맥락(context)이다. 위의 영어 문장은 어쩌면 아이의 아버지가, 아이를 빨리 학교에 보내자는 어머니의 말에 반박하며 하는 말일 수도 있고, '톰'이라는 이름을 가진 조카를 둔 삼촌의 이야기일 수도 있다. 그런데 이러한 정보들은 대체로 해당 문장이 담겨진 텍스트 내에서 주어질 수도 있으며 텍스트 외적 상황을 통하여 제공되기도 한다. 따라서 여기에서의 '맥락'이라는 개념은 단순히 앞뒤 문장과의 논리적 연결 관계만을 의미하는 것이 아니라, 번역사가 알고 있는 사전지식, 정황에 대한 정보 등을 포함하는 매우 포괄적인 개념이다. 번역사는 이렇듯 주어진 맥락에 따라 최종적인 선택을 할 수 있으며, 이것이 바로 맥락 없이 주어지는 텍스트를 옮기는 작문·독해 작업과 번역을 구분 짓는 또 하나의 결정적인 요소이다. 번역은 맥락과 상황 속에서 이루어진다. 따라서 번역자는 항상 주어진 텍스트를 상황 속에 위치시키고 그 속에서 적절한 번역을 찾아내어야 한다. 철학자 리쾨르(Ricoeur)가 말한 것처럼 번역은 단어에서 문장, 맥락, 문화, 세계로 가는 것이 아니라 세계에서 문화, 맥락, 문장으로 좁혀가는 작업인 것이다.[8]

또 하나의 예를 들어 보자.

> 친구들과 함께 중국집에 식사를 하러 들어갔다. 친구들 중의 한

명이 '나는 자장면'이라고 말했다.

만일 '나는 자장면'이라는 말을 다른 언어로 통역하거나 번역해야 할 경우 우리는 어떻게 할까? 맥락을 배제하고 전적으로 언어적인 차원에서만 보자면, 위의 발화는 극도로 다양하게 해석될 수 있을 것이다.

> 나는 자장면이다.
> 내가 제일 좋아하는 음식은 자장면이다.
> 나는 자장면을 주문하겠다.

그러나 위의 발화가 친구 여럿이 중국집에 점심 식사를 하러 들어간 맥락에서 이루어진 것이라면, 위의 문장을 영어로 'I am 자장면'이라고 옮기는 사람은 없을 것이다. 이것은 번역에서 '화용적인' 맥락이 얼마나 중요한지를 보여주는 것으로, 번역자가 '이러한 방식이 아닌 저러한 방식으로 번역하기로 결정'하는 중요한 단서가 되는 것이 바로 맥락이다. 이것이 바로 외국의 베스트셀러 소설을 세 사람이 나누어서 급히 번역할 경우, 앞을 읽지 않고 중간부터 번역한 번역자의 결과물이 결코 좋을 수 없는 이유이기도 하다.

이상에서 설명한 바와 같이 번역과 작문·독해는 목적의 차이, 대상독자의 차이, 맥락의 유무 등 세 가지 요소를 통하여 설명될 수 있다.

문학번역만 있는 것이 아니다

국내에서 이루어지고 있는 번역에 관한 담론들을 살펴보면, 마치 '번역=출판번역(혹은 문학번역)'이라는 등식이 세워져 있는 듯하다. 오역지적이건, 번역비평이건, 혹은 번역에 대한 성찰적 제목을 단 서적이건, 한결같이 '문학번역'이 논의의 중심에 있다. 해외의 문학을 국내에 소개하는 작업, 더 넓게는 외국의 주요 인문, 과학, 교양서적을 국내에 번역서로 출판하는 작업이 인문학적 차원에서 가지는 의미나 중요성은 아무리 강조해도 지나치지 않을 것이다. "번역작업을 통해 텍스트를 제대로 축적하지 못한 우리 인문학의 어두운 공백은 오랫동안 후학들에게 부담스런 짐이 될 것이다."[9]라는 어느 인문학자의 경고를 잘 읽어 보면, 인문학이 성숙하기 위한 전제조건으로서의 번역의 역할이 강조되어 있다. 이는 국내 번역담론의 대부분을 '인문학자'들이 주도하고 있음에 기인한다. 이러한 인문학자들의 연구가 대개 문학작품의 번역, 혹은 주요 인문서의 번역을 대상으로 하고 있음은 어찌 보면 당연하다. 실제로 인문학적 논의의 상당부분을 '수입'하고 있는 한국의 상황에서 인문서 하나를 제대로 번역하는 것이야말로 인문학의 발전에 절대적으로 필요한 작업임을 부정할 수 없다.

그러나 인문서나 문학서의 번역이 이렇듯 강조되다 보니, 이 외에도 수많은 유형의 번역이 존재하고 있음이 종종 간과되곤 한다. 특정한 분야의 번역이 번역전체를 대변하는 것으로 성급히 등식화된다면, 영상번역, 컴퓨터 소프트웨어 번역, 상용문서의 번역 등 다양한 형태로 존재하는 번역에 관한 성찰은 자연히 누락될 수밖에 없다. 따라서 번역을 이해하고자 할 때 문학번역이나 출판번역의 영역을 포함하되, 거기에 머무르지 않고 그 외의 다양한 형태의 번역활동을 염두에 두어야 한다.

한국어를 외국어로 옮기는 작업도 번역이다

앞서 우리는 국내의 번역담론이 주로 인문서 번역에 의해 주도되고 있음을 지적하였다. 그런데 인문서 번역이라고 말할 때는 거의 대부분 외국의 인문서를 우리말로 옮기는 작업을 지칭한다. 그래서인지 종종 한국어에서 외국어로의 번역은 우리의 번역 성찰에서 누락되곤 한다. 서구의 번역담론을 살펴보면 거의 전적으로 외국어에서 모국어 방향의 번역에 논의의 대상을 한정시키고 있다. 예를 들어 프랑스인들에게 있어서 번역이란 외국의 언어로 쓰인 텍스트를 프랑스어로 옮기는 것일 뿐이며, 프랑스어를 독일어로 옮기는 작업은 프랑스어권이 아닌 독일어권에서 다루어야 할 문제라고 생각한다. 그 밖의 번역, 즉 모국어가 아닌 언어로의 번역은 소위 '역번역'으로 일컬어지며 지양해야 할 번역, 혹은 바람직하지 않은 현상으로 여겨진다.

이러한 서구의 담론을 그대로 수입한 결과, 국내에서도 번역에 대한 논의의 대부분이 외국어를 한국어로 옮기는 작업에만 할애되어 있다. 그러나 한국어와 같이 소위 '제한적 영향력을 가진' 언어의 경우, 국내의 번역사들이 양방향의 번역을 모두 소화해야 하는 경우가 많다. 한국이 국제행사 유치를 위해 홍보활동을 할 때, 홍보자료를 한국어에서 영어나 불어로 번역하는 작업은 영어권 화자나 프랑스인이 아닌 한국인들에 의해 수행되는 경우가 대부분이다. 한국의 영화가 국제 영화제에 출품되었을 경우에 이를 번역하는 사람도 예외적인 몇몇 경우를 제외하고는 역시 한국의 번역사들이다. 이것은 모국어 방향으로만 번역하는 것을 원칙으로 삼는 서구의 현실과 비교해 볼 때 크게 다른 점이기도 하다. 문학번역을 논외로 하더라도, 점차 국제화되어 가고 있는 한국기업들의 해외활동에 필요한 외국어로의 번역은 여러 가지 여건상 한국의 전문번역사들에 의해 수행될 수밖에 없는 상황이다. 우리는 인문학뿐 아니라, 번역에 대한 담론까지도 서구의 것을 베껴 온 것인가? 그래서인지 우리는 종종 서구의 주요 언어들과 상대적으로 소수어인 한국어를 같은 지위에 올려놓고, 외국어의 한국어 번역에만 집중한 채 그 반대로의 번역에 대한 논의를 외면하곤 한다.

번역은 언어치환 작업이 아니다

많은 사람들이 번역을 단순한 언어치환 작업으로 종종 오해한다. 그래서인지 해외에서 오랜 기간 체류했거나, 혹은 외국어 능력이 뛰어난 사람은 당연히 번역을 잘할 것이라고 간주한다. 이는 언어능력(linguistic competence)과 번역능력(translation competence)을 혼동하는 데서 비롯된 것으로, 번역이라는 것을 따로 배우지 않아도 해당 언어를 잘하면 누구나 번역을 할 수 있다는 오해와도 맥을 같이 한다. 이러한 오해는 학문적 차원에서도 예외가 아니어서, 오랫동안 번역에 대한 연구는 언어학이나 문학의 하위범주로 인식되어 왔다. 그러나 오늘날은 이렇듯 번역이 전적으로 '언어적 차원'에서만 다루어질 수 없는 작업임이 널리 받아들여지고 있으며, 따라서 철학, 인지과학, 전산학을 비롯한 다양한 분야에서 학제적 차원으로 번역에 대한 관심이 표명되고 있다.

언어능력, 보다 구체적으로는 외국어능력이 번역을 수행하는 데 있어서 중요한 전제조건임을 부정할 수는 없다. 그리고 실제로 번역을 한 번도 배우지 않고도 뛰어난 번역사로 명성을 날리는 사람들도 있다. 그러나 이런 사람들은 실제 번역에 도전하는 대다수의 사람들 중 극히 소수에 불과하다는 점을 사람들은 종종 간과한다. 언어능력은 번역능력의 '필요조건' 중 하나일 뿐, 그 자체로서 충분조건이 될 수는 없다. 따라서 언어를 열심히 공부하다 보면 어느 순간 거짓말처럼 번역능력이 생기게 되리라고 생각하는 것은 순진한 착각이다. 번역은 단순히 언어적 작업이 아니라 일정한 전문성을 요구하는 작업이기 때문이다. 번역능력에 관해서는 제3장에서 보다 자세히 다루기로 한다.

이상과 같이 우리는 번역에 대한 몇 가지 잘못된 인식들을 통하여 번역의 본질이 무엇인지에 좀 더 구체적으로 다가가 보았다. 이제 번역과 관련된 논의 중 가장 '뜨거운 감자'라 할 수 있는 물음, 즉 좋은 번역의 정의에 대하여 생각해 보고자 한다.

좋은 번역이란 무엇인가

좋은 번역에 대한 상반된 입장들

 무엇이 좋은 번역인가? 한마디로 대답하기 어려워 보이는 질문이지만 일상적으로 우리는 무엇이 좋은 번역인가에 대해 확신을 가지고 있는 사회에서 살고 있는 것 같은 느낌이 들 때가 많다. 번역에 대해 잘 알지 못하는 사람도 '유명 외국작가의 소설 X는 번역이 엉망이다'라고 평하거나, '그 책은 참 번역이 잘되었다'고 칭찬하는 것을 종종 들을 수 있다. 번역서가 '원 저자의 의도를 제대로 살리지 못했다'느니 '한국어가 매끄럽지 못하다'는 등의 지적도 역서에 대한 서평란에서 종종 접할 수 있다. 오늘날처럼 인터넷이 발달되고 마니아층이

두터워진 사회에서는 특정 분야에 대해 전문가를 뛰어넘는 수준의 지식과 정보를 갖춘 독자들도 많으며, 이들은 종종 마감일 맞추는 데 급급한 번역사가 미처 생각지 못하고 번역해 놓은 대목들을 예리하고 날카롭게 짚어내기도 한다. 소위 '번역비평' 작업 속에서 등장하곤 하는 '직역' '의역' '원문에의 충실성' '가독성' '표현력' 등의 개념들은 이제 일반인들에게도 그리 낯설지 않은 것이 되어 버렸다.

그런데 우리는 무엇을 기준으로 '번역이 엉망이다'라거나, '번역이 잘되었다'라고 말하는 것일까? 과연 좋은 번역(good translation)을 어떻게 정의해야 할까? 사실 '좋은(good)'이라는 형용사는 본질적으로 주관적으로 해석될 수밖에 없는 측면이 존재한다. '좋은 차'나 '좋은 집'이 개인의 취향이나 기호에 따라 다르게 정의되듯, '좋은 번역'이라는 평가 역시 개인, 사회, 언어권, 문화권 등에 따라 달라질 것이기 때문이다. 따라서 좋은 번역을 가려내는 100퍼센트 객관적인 기준을 제시하는 것은 애초에 불가능한 작업이다. 그럼에도 불구하고 우리가 좋은 번역이 무엇인가에 대해 끝없이 논쟁하고 이해하려 하는 이유는 무엇일까? 그 이유는 번역방법론의 문제, 즉 어떻게 번역해야 하는가의 문제를 무엇이 좋은 번역인가라는 물음과 분리시켜 생각할 수 없고 더 나아가 번역이 무엇을 지향해야 하며, 한 사회 내에서 어떤 역할을 해야 하느냐의 문제와도 직결되는 질문이기 때문이다. 따라서 좋은 번역에 대한 논의는 비록 객관적 정답이 제시될 수 있는 물음은 아니라 할지라도, 번역으로 넘쳐나는 사회를 살고 있는 우리가 꾸준히, 심도 깊게 제기해 보아야 하는 질문임은 틀림없다.

언어학자 사보리(Savory)는 좋은 번역이 갖추어야 할 요건을 아래와 같은 이율배반적 격률들로 정의하였다.

1. 번역은 원문의 단어를 드러내야 한다.
2. 번역은 원문의 사상을 드러내야 한다.
3. 번역은 원작처럼 읽어야 한다.
4. 번역은 번역처럼 읽어야 한다.
5. 번역은 원작의 문체를 반영해야 한다.
6. 번역은 번역의 문체를 가져야 한다.
7. 번역은 원작과 동시대의 것으로 읽어야 한다.
8. 번역은 번역과 동시대의 것으로 읽어야 한다.
9. 번역은 원문에 덧붙이거나 생략해도 상관없다.
10. 번역은 원문에 덧붙이거나 생략해서는 절대로 안 된다.
11. 운문의 번역은 산문이어야 한다.
12. 운문의 번역은 운문이어야 한다.[10]

위 지문을 읽어 보면, 짝수항과 홀수항의 내용은 정확히 정반대이다. 번역은 원문의 '단어'를 드러내는 동시에 '사상'을 드러내야 하고 원작의 문체를 반영하면서 동시에 번역 고유의 문체를 가져야 한다. 운문의 번역은 산문이어야 하는 동시에 운문이어야 한다. 이처럼 실현불가능하고 이율배반적인 원칙들이 또 있을까? 번역을 하는 과정에서 이러한 원칙들을 모두 충족시키는 것은 거의 불가능해 보이며, 심지어는 번역을 '포기'하는 것이 가장 현명한 것이 아닐까라는 의구심마저 든다.

그런데 위의 격률들은 사실, 이미 오래 전부터 진행되어 오던 좋은 번역에 대한 양 극단의 논의들을 정리한 것뿐이다. 이미 16세기 프랑스에 번역문의 가독성을 지나치게 중시하는 번역을 했다는 이유로 처형을 당한 에티엔 돌레(Etienne Dolet)라는 번역가가 있었음을 상기할 때, 무엇이 좋은 번역인가에 대한 논의는 최근 시작된 것이 아니다. 위의 12개 격률들은 원문의 형식에 충실할 것이냐 번역문의 가독성을 중시할 것이냐 라는 두 개의 입장으로 정리된다. 위의 항목들 중, 1·3·5·7·10·12항은 모두 원문이 가지고 있는 형식에 충실할 것을 강조하고 있으며, 나머지 항들은 번역문이 잘 이해되고 잘 읽히도록 하는 데 초점을 맞추고 있다. 어쩌면 번역이 시작된 고대부터 오늘날까지 인류는 이처럼 양 극단에 위치한 입장 사이를 시계추처럼 오가고 있는 듯하다. 시대에 따라서 양 극단 중 어떤 한쪽이 우세하기도 하고 또 다른 한쪽이 영향력을 얻기도 한다. 과연 무엇이 정답일까?

흥미로운 것은 이렇듯 대비쌍으로 제시되는 개념들은 종종 서로 배타적인 것으로 이해된다는 것이다. 즉 번역가는 원문에 충실하면서도 가독적인 번역을 할 수는 없으며 늘 '두 가지 중 하나'를 선택함으로써 나머지 하나를 희생시킬 수밖에 없는 딜레마에 처해 있는 것으로 여겨진다. 이러한 대비적 인식을 가장 함축적으로 드러내주는 개념 중 하나가 바로 17세기 프랑스에서 등장한 '아름다우나 부정한 여인'이다.

아름다우나 부정한 여인

'아름다우나 부정한 여인(Belle infidèle)'이라는 표현을 처음 사용한 사람은 17세기 프랑스의 대학자 메나쥐(Gilles Ménage, 1613~1692)이다. 당시에는 모든 것을 '프랑스화'하는 번역, 즉 비록 원문에 충실하지 않더라도 이국의 작품들을 최대한 아름답고 자연스러운 프랑스어로 번역하는 것이 유행이었다. 당시 이렇듯 유려하고 가독적인 번역으로 이름을 날리던 페로 다블랑쿠르(Nicolas Perrot D'Ablancourt, 1606~1664)라는 번역가가 있었는데 메나쥐는 1654년경 페로의 번역을 이렇게 비판했다. "그의 번역은 내가 투르에서 깊이 사랑한 여자를 연상시킨다. 아름답지만 부정한 여인이었다."

물론 여기서 겉모습이 아름답다 함은 가독성이 뛰어나고 매끄러워서 번역한 티가 나지 않는 번역을 말하며, 부정하다 함은 원문에 대해 충실하지 못했음을 의미한다. 번역사 입장에서 볼 때는 참으로 신랄하고 가혹한 비판이 아닐 수 없다. '당신의 번역은 유려하고 아름답지만 원문에 전혀 충실하지 않으므로 좋은 번역이 아니다'라는 말을 수사적으로 표현한 것이 아닌가. 이후 '아름다우나 부정한 여인'이라는 표현은 가독적이고 매끄러우나 원문에 충실하지 못한 번역을 일컫는 말로 널리 사용되기 시작하였다. 여기서도 역시 충실성과 가독성이라는 두 가치는 공존하기 어려운 것으로 암시된다. 겉모습이 아름다우면 부정하고, 충실하면 겉모습이 아름답지 못하고 둘 중 하나인 것이다. 그런데 소위 아름다운 여인은 늘 부정한 여인인가? 그리고 정조를 지키는 여인은 반드시 '박색(薄色)'일 수밖에 없을까?

독자를 저자에게 데려가거나 저자를 독자에게 데려가거나

원 저자와 독자 사이에 선 번역가의 선택 가능성은 어찌 보면 두 가지로 정리될 수 있다.

1. 독자를 저자에게 데리고 간다.
2. 저자를 독자에게 데리고 간다.

독자를 저자에게 데리고 간다 함은 독자가 읽기에 가독성이 떨어지더라도 독자로 하여금 원문에 다가가는 수고를 하게끔 하는 번역, 즉 원문이 가진 고유한 특성을 최대한 살리는 방식으로 번역하는 것을 말한다. 반면, 저자를 독자에게 데리고 간다 함은 원문에 대해 충실하지 않더라도 최대한 가독적인 방식으로, 독자가 이해하기 쉽게 번역하는 것을 말한다. 이는 번역에 대한 최초의 근대적 성찰을 제안한 것으로 알려진 독일의 철학자 슐라이어마허(Schleiermacher)가 제안한 이분법으로 '아름다우나 부정한 미녀'만큼이나 오랫동안 번역사의 딜레마를 표현하는 명언으로 기억되어 오고 있다. 그런데 슐라이어마허는 두 가지 방법 중 전자, 즉 독자를 저자에게 데리고 가는 것이 더 나은 번역방식이라는 사실을 암암리에 여러 번 강조하였다. 우리가 흔히 '어색한 번역', 혹은 '번역투'라고 말하는 것이 오히려 좋은 번역으로 강조되었다는 사실이 다소 놀랍게 느껴질 수도 있다. 슐라이어마허는 왜 '독자를 저자에게 데려가는 것'이 더 좋은 번역이라고 말했을까? 저자를 독자에게 데리고 가는, '아름다우나 부정한' 번역은 어째서 위험한 걸까?

종교경전의 번역과정에서 드러난 번역의 딜레마

우리는 앞서 오랫동안 '번역=문학번역'이라는 등식 속에 갇혀 그 이외의 번역들이 상대적으로 소홀히 다루어져 왔음을 지적하였다. 사실 위에서 언급한 메나쥬의 '아름다우나 부정한 여인'이라든가 슐라이어마허의 '저자를 독자에게로, 혹은 독자를 저자에게로', 혹은 사보리의 이율배반적 격률 등은 한결같이 문학작품의 번역을 대상으로 하고 있는 것이 사실이다. 원문의 운율과 리듬, 문체 등을 그대로 전달하는 것이 내용의 전달 만큼이나 중요한 문학번역의 영역에서는 당연히 내용이냐 형식이냐의 갈림길에 서게 되는 경우가 종종 있다. 그런데 이러한 딜레마가 모든 종류의 번역에서 동일한 양상으로 발생하는 것일까? 여기서는 특수한 유형의 번역인 종교경전, 특히 성경의 번역을 예로 들어 보고자 한다.

20세기에 이르러, 번역 및 번역이론에 대한 현대적 성찰의 주축이 된 것은 성경의 번역이었다. 오늘날까지 가장 많이 번역되고, 가장 많이 읽힌 책이 성경이라는 사실을 감안하면 이는 그리 놀라운 사실은 아니다.[11] 국제 성서공회의 통계에 따르면, 2002년 12월 말까지 성경은 총 2,303개의 언어로 번역되었으며, 이는 전 세계 통용 언어 6,500여 개 중 35퍼센트에 달하는 것이다. 그러나 이 같은 수치는 단편(쪽복음)을 포함한 것으로 성경 신구약 전체가 번역된 언어는 신구약을 포함한 성경전서의 경우 총 405개 언어라고 한다.

성경을 비롯한 종교경전의 번역은 '선교'라는 특수한 목적을 달성하기 위한 중요한 수단이었다. 성경 번역 언어의 상당 부분이 아시아, 아프리카 언어라는 것은 번역어의 대부분이 선교대상지역의 언어임을 암시하고 있다. 성경의 번역이 '선교'라는 구체적 목적을 띠게 되면서 번역의 가독성이 그 어느 때보다도 중요한 요소가 되었다. 예를 들어, 성경의 구절 중 '눈처럼 하얀'이라는 표현이 있다고 하자. 눈을 한 번도 보지 못한 아프리카인들을 대상으로 번역할 때에는 어떻게 해야 하는가? 아프리카인들이 보다 쉽게 이해할 수 있는 다른 표현, 예를 들면 '목화처럼 하얀'으로 바꾸는 것이 좋지 않을까?

이것이 바로 성경번역을 토대로 번역이론을 구축한 나이다(Eugene Nida)의 역동적 등가(dynamic equivalence) 개념이다. 원문의 형식을 존중할 것이 아니라 원문의 독자가 느낀 것과 동일한 것을 번역문의 독자가 느낄 수 있도록 번역해야 한다는 것이 나이다의 주장의 핵심이다.

내용전달을 중시하는 번역

이번에는 상업적 텍스트의 번역을 예로 들어 보자. 한국의 한 기업이 알로에를 주성분으로 하는 영양크림을 만들어서 유럽으로 수출하고자 한다고 가정하자. 그래서 해당 제품의 사용설명서를 다양한 언어로 번역해야 하는 상황을 가정해 보자. 그리고 알로에 영양크림의 사용설명서에는 아래와 같은 문장이 들어 있다고 가정하자.

> 눈가를 피해서 충분히 바른 후 잠시 그대로 두었다가 씻어내십시오.

위의 사용설명서는 처음 의도된 소비자인 한국인들이 아닌, 다른 문화, 다른 언어권의 소비자들을 대상으로 사용설명서의 기능을 수행해야 한다. 따라서 번역문은 해당 제품의 사용과 관련하여 해당 언어권의 소비자가 필요로 하는 정보들을 효율적으로 전달할 수 있어야 한다. 일견 간단한 듯이 보이는 위의 지문을 번역하는 번역사는 문학번역에서 제기되었던 것과 전혀 다른 성격의 구체적 물음들을 던지게 된다. 첫째, 위 문장을 영어나 불어로 번역할 경우, 주어 없이 명령문 형태로 그대로 번역해도 무례하게 느껴지지 않을까? 둘째, '충분히'라는 것은 얼마 만큼일까? '손톱만큼'이라든지, '팥알만큼'이라든지 하는 구체적인 분량이 명시되어야 하지 않을까? '잠시 그대로 두었다가'는 얼마 만큼의 시간을 말하는 것일까? 5분? 10분? 혹은 1시간? 이처럼 원문에 충실할 것인가 독자에 충실할 것인가의 문제보다는 훨씬 현실적이고 구체적인 질문들이 제기된다. 그리고 대부분의 경우, 이러한 질문들에 대한 해답 역시 현실 속에서 찾아진다. 예를 들어 위의 지문을 독일어로 번역할 경우, 전문번역사가 가장 먼저 할 수 있는 일은 일단 독일어로 된 화장품 사용설명서들을 찾아서 읽어 보는 일이다. 그리고 독일에서의 화장품 사용설명서가 어느 정도까지 구체적인 정보들을 담는지를 확인하여야 할 것이다. 만일 화장품의 사용량과 도포시간을 구체적으로 명시하는 것이 관행이라면, 번역사는 해당 정보를 번역의뢰자에게 문의해서라도 번역에 추가하게 될 것이다. 그래서 결론적으로 다음과 같은 번역문에 이르게 될 것이다.

> 눈가를 피해서 콩 한 알 정도의 분량을 바르고 약 15분 정도 두었다가 씻어내십시오.

결국, 위와 같은 종류의 번역에서 중요한 것은 원문을 얼마나 충실하게 옮겼느냐가 아니다. 일단 번역사는 주어진 번역

임무의 목적을 파악하는 것이 중요하다. 화장품 사용설명서는 제품의 사용자가 불편 없이 제품을 사용할 수 있게 하는 것을 목적으로 한다. 한국에서는 구체적 분량과 시간을 명시하지 않더라도 유럽의 소비자들에게 그것이 필요한 정보라면, 번역이 그러한 내용을 담고 있어야만 사용설명서로서 제대로 기능할 수 있을 것이다.

이번에는 보다 일상적인 다른 예를 들어보자. 우리가 지하철에서 자주 듣게 되는 안내 방송이다.

> 한국어) 발이 빠질 수 있사오니 하차 시 주의하시기 바랍니다.
> 영어) Please watch your step.

한눈에 보아도 원문인 한국어 안내 내용과 영어번역(혹은 통역) 간에는 큰 차이가 있다. 한국어 문장은 구체적이고 상세한 데에 비해 영어 문장은 매우 단순하다. 한국어 원문에 들어 있는 '발이 빠질 수 있사오니'는 아예 삭제되어 버렸다. 원문의 형식을 무시하고 '의미를 전달'하는 것에 초점을 맞춘 번역이다. 위의 번역이 좋은 번역인지에 대해서는 의견이 분분할 수 있다. 그러나 이 '하차 시 발을 조심하라'는 원문의 '메시지'를 안내방송을 듣는 영어권 화자가 이해했다면, 그것으로 충분할 수도 있다. 한국어를 곧이곧대로 번역하다 보면, 영어 문장이 자칫 길어질 수도 있고, 지하철에서 열차가 멈추고 승객이 하차하는 짧은 순간에 안내방송으로 내보내기에는 시간이 부족할 수도 있다.

이처럼 번역은 누구를 대상으로 하며, 어떠한 상황에서 사용되느냐에 따라서 다른 방식으로 이루어진다. 문학텍스트가 아닌 실무적·상업적 텍스트의 경우, 이러한 구체적이고 현실적인 요소들을 충분히 반영하지 않고서는 번역이 제 기능을 다할 수 없게 된다.

원문의 고유함을 전달하는 번역

그런데 이렇듯 메시지 전달, 내용전달 위주로 번역하는 방식에는 위험이 없는가? 다음 예를 보자.

한국어) 성은이 망극하옵니다.
영어) Thank you.

위와 같은 번역은 역사극 형식의 한국 드라마에 영어권 시청자들을 위하여 자막을 삽입할 경우 간혹 등장한다. 그런데 위의 문장을 읽으면서 우리는 원문에서 번역문으로의 이동 과정에서 무엇인가가 '누락'되었다는 느낌을 지울 수 없다. 과연 '성은이 망극하다'를 '고맙다'는 말로 옮길 수 있는가? 의미만 번역하면 된다는 주장의 맹점이 여기에 있다. 메시지는 분명 전달되었으나, 원문의 고풍스럽고 수사적인 요소들은 모두 사라져 매우 평범하고 단순한 문장이 되어 버렸다.

이러한 경우는 속담의 번역에서도 발견된다.

> 한국어) 마누라가 예쁘면 처갓집 말뚝에도 절을 한다.
> 프랑스어) Qui m'aime aime mon chat.(나를 사랑하면 내 고
> 양이도 사랑한다.)

한국어 속담의 뜻을 풀이하자면 아내가 좋으면 아내와 상관있는 모든 것이 좋아 보인다는 뜻이며, 더 넓게는 사람을 좋아하면 그 사람의 모든 것이 좋아 보이게 된다는 의미이다. 그런데 프랑스에는 비슷한 내용을 담고 있는 '나를 사랑하면 내 고양이도 사랑한다'라는 속담이 있다. 위의 한국어 속담이 한국의 소설가가 쓴 소설 속에 등장했다고 가정해 보자. 그리고 이 한국어 소설을 프랑스어로 번역하던 번역사가 이를 위의 프랑스어 지문처럼 번역했다고 할 때 어떤 일이 일어날까? 프랑스어로 번역된 소설을 읽는 프랑스의 독자들 중 별다른 느낌 없이 소설을 읽어 내려가는 사람도 있을 수 있다. 그러나 원문이 한국어 소설이었다는 점을 중요하게 인식하고 있던 독자들은 한국에도 프랑스와 동일한 속담이 사용되고 있다는 사실을 의아하게 생각하거나 번역사가 원 작품을 지나치게 '프랑스화'했다고 불쾌하게 여길 수도 있다. 이러한 독자들은 어쩌면 다소 어색하더라도 한국어 속담을 직역한 것을 더 선호했을 수도 있다. 다소 낯설더라도 한국에서는 '마누라'와 '말뚝'이라는 독특한 소재를 사용하여 같은 말을 다르게 한다는

것을 발견하는 것이 번역의 중요한 덕목 중 하나라고 여기는 독자들도 분명 있을 것이기 때문이다. 자막이 들어간 외국 영화를 보다가, 자막에서 갑자기 한국에서 유행하는 유행어나 비속어를 만날 경우 관객들이 느끼는 의아함, 혹은 짜증스러움도 이와 비슷한 종류일 것이다.

이 모든 상황들은 늘 메시지 전달만을 추구할 수도, 그렇다고 늘 원문의 형식에만 충실할 수도 없는 번역의 딜레마를 보여 주고 있다. 모든 딜레마가 그렇듯 여기에도 정답은 없다. 그러나 성경을 번역하는 작업과 계약서를 번역하는 작업이 같은 방법론으로 이루어질 수 있을까? 따라서 번역의 목적이 무엇인지를 파악하는 것이 번역사의 번역전략을 결정하는 첫걸음이 될 수 있을 것이다. 예를 들어 속담을 번역할 경우, 번역의 목적이 무엇인지에 따라, 원문의 형식을 최대한 충실하게 번역할 것인지, 혹은 전체적인 내용 전달 위주로 번역할 것인지가 달라질 수 있을 것이다.

영미문학연구회 번역평가사업단에서 펴낸 『영미명작, 좋은 번역을 찾아서』 1, 2권에서는 서로 양립하기 어려워 보이는 두 가지 기준, 즉 충실성과 가독성을 좋은 번역의 조건으로 제시하였다. 그런데 최종 검토본 572종 중 비추천본이 무려 89퍼센트에 이르렀다고 한다.[12] 이 사실을 어떻게 받아들여야 할까? 애초부터 양립 불가능한 기준을 내세웠던 것일까? 정말 아름답고도 정조 있는 여인은 존재할 수 없는 것일까?

좋은(Good) 번역에서 적절한(Adequate) 번역으로

오늘날처럼 번역의 품질 문제가 빈번하게 도마 위에 오른 적도 없었던 듯하다. 출판번역물의 오역사례들을 지적하는 다양한 서적이 출판되었으며 이들은 한결같이 무성의하고 부실한 번역들이 난무하는 현실을 개탄한다. 이들의 주장을 듣다 보면, 우리는 현재 번역의 품질 수준이 매우 '심각한' 사회에 살고 있으며, 저급한 번역물들이 사회에 상당히 부정적인 영향을 미치고 있는 것처럼 보인다. 가히 '오역비평의 시대'라는 느낌이 들 정도이다. 이와 관련하여 우리는 다음의 몇 가지를 생각해 보아야 할 것이다.

첫째, 국내의 독자들이 그만큼 번역의 품질에 대해 까다로워졌음을 부정할 수 없다. 특히 영어의 경우에는 원문에 대한 접근성이 높고 독자들의 언어능력도 과거에 비해 상당히 높아졌기에 보다 날카로운 비판이 가능해졌다고 볼 수 있다.

둘째, 번역의 품질문제가 여전히 화두가 되고 있는 이유는 무엇이 좋은 번역인가에 대한 판단이 여전히 지극히 자의적인 것이기 때문이다. 명백하고 이론의 여지가 없는 오역도 있을 수 있겠으나, 어떤 사람에게는 훌륭한 번역으로 여겨지는 것이 다른 사람에게는 '엉터리 번역'으로 느껴질 수도 있다. 인간의 가장 원초적인 본능은 다른 사람이 쓴 글을 바꾸고자 하는 욕망이라고 한다.[13] 아무리 훌륭한 번역사가 번역한 글도 다른 번역사에게 보여주면 반드시 수정이나 개선의 여지가 눈에 띄게 된다. 좋은 번역이 무엇인지에 대한 판단이 이처럼 주관적이고 자의적이기 때문에 모두를 만족시키는 번역이란 어쩌면 이 세상에 존재하지 않을 수도 있다.

셋째, 품질기준에 대한 보다 유연한 시각이 필요하다. 즉, 어떤 상황에서든 완벽한 품질의, 매순간 절대적 품질의 번역이 필요하다는 전제 자체에 대해 재고해 보아야 한다. 요즈음에는 온라인상 무료 기계번역 프로그램이 다양하게 존재하고 있다. 물론, 이러한 프로그램들이 생산해 내는 번역물의 품질은 전문번역사들의 입장에서 볼 때는 어쩌면 번역이라 부르기도 어려운 수준의 것일 경우도 많다. 그러나 매순간 완벽한 품질의 번역이 필요한가? 예를 들어 어떤 기업인이 영어로 쓰인 서신의 대략적인 내용만을 알고자 한다. 그 경우 전문번역사에게 비싼 번역비용을 지불하고 일주일을 기다리는 것이 옳은가? 혹은 일차적으로 대략적 내용을 파악하는 것이 합리적인가? 여기서 바로 '적절한 품질'의 개념이 도입된다. '적절한 품질'이란 주어진 기능을 수행하는 데 충분할 만큼의 품질이다. 단순한 안내 역할을 하는 통역 도우미가 필요할 때 동시통역사를 고용할 필요는 없다. 번역의 경우도 마찬가지여서 매순간 최고급 품질의 번역이 필요한 것은 아니며, 이는 일정 정도의 시간과 비용 투자를 요하는 작업의 경우 현실적으로 가능하지도 않다. 단지 정말 최고의 품질이 필요한 순간에 엄격하게 품질관리를 할 수 있으면 그것이 효율적인 것이 아닐까? 따라서 고지식한 잣대로 오류분석, 오류지적을 하는 대신 주어진 커뮤니케이션 상황을 토대로 품질을 판단해야 할 것이다. 비록 만족스러운 수준은 아니어도, 주어진 역할을 수행할 수 있는 번역이라면, 그것은 제 기능을 수행하기에 '충분한' 번역으로 보아야 할 것이다.

넷째, 현재 번역사들의 작업현실을 감안하지 않은 채 결과물인 번역물만을 비판하는 것은 공정치 못할 뿐 아니라, 효율적이지도 못하다. 번역사들이 촉박한 납기와 불충분한 보수에 시달리고 있는 상황에서 그러한 여건들을 개선하지 않은 채, 결과물인 번역의 품질만을 놓고 비판한다고 해서 번역품질이 단기간 내에 개선될 리는 만무하다. 번역의 중요성을 논하면서, 그 직업을 수행하는 번역사들의 현실적 업무조건에는 야박한 것이 우리의 현실이다.

좋은 번역은 이처럼 다양한 변수들을 적절히 충족시키며, 주어진 상황에서 주어진 역할을 제대로 해 내는 번역이다. 따라서 가독성과 충실성 개념을 상호 배타적인 것으로 이해하기보다는 주어진 상황 속에서 무엇이 더 큰 비중을 차지하는가를 정확히 파악하는 것이 관건이다.

번역능력이란 무엇인가

번역은 사람이 하는 것이다

우리는 번역에 관한 다양한 담론에서 의례 등장하는 두 개의 질문, 즉 '번역을 어떻게 정의할 것인가'와 '무엇이 좋은 번역인가'에 대하여 생각해 보았다. 그런데 번역에 관한 위의 논의들은 번역 행위를 통하여 생산된 '결과물로서의 번역'에 초점을 맞춘 논의들이다. 그러다보니 정작 번역을 생산해 내는 주체인 번역사에 대한 성찰이 누락되어 있다. 번역사는 종종 투명인간처럼 보이지 않는 존재로 간주된다. 더구나 원문을 충실하게 재현해 내는 번역을 가장 이상적인 번역으로 여기는 사람들에게는 번역사가 '보이는 존재'가 되어서는 안 되며, 철저하게 보이지 않는 투명인간으로 남아 있어야 하는 존재로 여겨졌다. 그러나 어떤 경우에도 번역은 결국 사람이 하는 것이다. 심지어는 사람이 아닌 기계가 번역을 하는 경우(기계번역)에도 그 기계를 고안해 내는 것은 사람이다. 따라서 결과물로서의 번역텍스트를 분석하고 이해하는 것만큼이나 중요한 것이 바로 구체적 상황 속에서 구체적 목표를 가지고 번역에 임하는 주체인 번역사를 이해하는 것이다.

그런데 번역사에 대하여 생각해 보려는 순간, 가장 먼저 해결되어야 하는 물음은 바로 번역사를 번역사이게 만드는 능력, 즉 번역능력이 무엇인가의 문제이다. 과연 번역사가 가진 어떤 능력이 그로 하여금 번역을 할 수 있게 만드는 것일까? 번역사는 태어나는 것일까? 혹은 만들어지는 것일까? 학자들은 저마다 다른 방식으로 이 질문에 답변하였다. 혹자는 번역능력이 선천적으로 타고나는 것이며, 따라서 선천적으로 번역능력을 가지고 태어난 사람만이 번역사가 될 수 있다고 주장한다. 또 다른 학자들은 인간에게는 기본적으로 번역능력이 내재되어 있으며, 잠재되어 있는 번역능력을 활성화시킴으로서 번역작업을 수행할 수 있게 된다고 주장한다. 전자가 옳다면, 즉 번역능력이 선천적으로 타고 나는 것이라면 번역교육이라는 것은 기본적으로 불가능하며 번역은 번역능력을 타고난 소수의 '선택받은 사람들'만의 전유물이 된다. 실제로 번역은 가르치거나 배울 수 있는 성질의 것이 아니라고 주장하는 사람들도 있다. 이러한 근본적이고 철학적인 물음에 답하기 위해서는 별도의 지면이 필요할 것이다. 단지, 번역사를 양성하는 수많은 교육기관들이 존재하고 또 개인 차원에서도 수년간의 훈련을 통하여 번역방법을 현장에서 '터득한' 번역사들의 체험이 다양한 형태로 공유되고 있는 상황에서 이러한 주장을 무턱대고 수용하기에는 다소 무리가 있다. 한편 반대로 인간에게 기본적으로 번역능력이 내재되어 있다고 본다면 '누구나 번역을 할 수 있다'는 결론에 이르게 되는데, 이 역시 현실적으로 검증 불가능할 뿐더러, 단순하게 답할 수 있는 문제는 아니다. 그런데 의외의 지평에서 답변의 실마리가 제공되었다.

기계번역(machine translation)과 번역능력

인간의 번역능력에 대한 고찰이 본격적으로 이루어지기 시작한 것은 역설적으로 기계번역에 대한 연구가 가속화되면서부터이다. 기계번역이란 컴퓨터를 이용하여 한 언어를 다른 언어로 번역해 내는 것을 말한다. 기계번역을 자동번역(automatic translation)과 혼동하는 경우도 많은데 엄밀한 의미의 자동번역이란 일체 사람의 손을 거치지 않고 번역이 이루어지는 경우를 말하며 이는 현재의 기술 수준으로는 불가능하므로 컴퓨터를 이용하여 이루어지는 오늘날의 번역은 '기계번역'이라고 부르는 것이 적절하다.

기계번역을 이해하기 위해서는 전문가시스템(expert system)을 이해해야 한다. 전문가시스템은 단순자료처리만을 하는 기존 컴퓨터와는 달리 지식을 처리하는 컴퓨터 프로그램을 말한다. 지식을 처리한다 함은 입력된 지식을 토대로 의사결정에 필요한 정보를 제공하고 문제를 해결해 가는 것을 의미한다. 사람 대신 장기를 두거나 혹은 의학진단 및 처방, 광맥탐사를 하는 컴퓨터 프로그램이 여기에 해당된다. 그렇다면 이러한 기계를 만들기 위해서 가장 먼저 해야 할 일은 무엇일까? 장기 두는 기계를 예로 들어 보자. 우선 장기를 잘 두는 전문가들을 모아 놓고 관찰하면서 장기 두는 데 필요한 지식과 노하우가 무엇인지 파악하여야 할 것이다. 그리고 이들이 개별적으로 혹은 직관적 형태로 가지고 있던 지식들을 규격화하고 통일화하는 작업이 필요할 것이다. 특정 상황이 발생하였을 때에는 어떤 결정을 내려야 하는지, 그리고 그러한 결정을 내리는 근거는 무엇인지 등 암묵적인 노하우 형태로 존재했던 지식들, 즉 '장기 두는 능력'을 일련의 코드로 전환하는 작업이 필요할 것이다.

번역하는 기계 역시 마찬가지의 과정을 통하여 설계된다. 사실 기계가 체스를 두고 병을 진단하고 치료까지 하는 세상에서 번역이라고 못할 이유가 무엇이 있겠는가? 기계가 번역을 한다면 인간보다도 무한히 많은 지식을 활용할 수 있을 것이며, 저장된 지식을 잊어버릴 일도 없을 것이 아닌가? 어쩌면 인간번역이 해결하지 못하는 오역, 실수 등의 고질적 문제를 완벽하게 넘어설 수 있는 완전한 번역기계를 만들어 낼 수 있을지도 모른다는 희망이 생긴 것은 당연한 것이었다. 그리하여 폭증해 가는 번역 수요와 맞물려 기계번역에 관한 방대한 연구가 시작되었다. 기계번역이란 결국 번역을 하는 컴퓨터 프로그램을 만들어 내는 것이 핵심이다. 예를 들어 한국어 텍스트를 입력하면 컴퓨터 프로그램이 이를 처리하여 다른 언어로 번역해 내거나, 혹은 외국어로 쓰인 텍스트를 입력하면 이것이 즉각적으로 한국어로 번역되어 나오는 것을 의미한다. 다시 말해 '번역능력'을 가진 컴퓨터 프로그램을 만드는 것이 바로 기계번역 프로젝트의 핵심인 것이다. 그렇다면 이러한 컴퓨터 프로그램은 어떠한 능력을 가지고 있어야 할까? 이를 위해서는 사람이 번역을 어떠한 단계를 거쳐서 수행하며, 번역에 필요한 능력들은 무엇인지를 우선 관찰하고 분석해야 했다.

기계번역의 발전사를 살펴보면, 번역능력에 대한 인식의 변화과정과 궤를 같이 한다. 제1세대 기계번역은 주로 단어 대 단어 치환의 간단한 번역을 수행하였다. 한국어로 '우유'를 입력하면 영어로 'milk'로 번역되어 나오는 식이다. 그 다음 제2세대에서는 구문 분석이, 제3세대에서는 의미 분석이 이루어지면서 치환의 단위는 단어에서 문장으로 확대되었다. 그러나 구문 분석이나 의미 분석 차원에서도 여전히 해결되지 않은 문제가 바로 '맥락'의 문제였다. 예를 들어 '그곳에서 그 사람을 만납니다'라는 문장에서 '그곳'과 '그 사람'이 누구인지를 번역해 내려면 해당 문장 안에서는 명시적으로 주어지지 않은 문맥 정보가 필요한 것이다. 그래서 오늘날은 이러한 정보들을 감안하여 번역할 수 있는 방법 역시 모색되고 있다. 그리고 제4세대에서는 어떤 특정한 언어에도 의존하지 않는 중간언어 방식이 선택되어 한 언어로부터 여러 언어로의 기계번역 역시 가능해졌다. 다시 말해, 어떤 언어를 입력하든 그 언어가 제3의 매개적 언어로 전환이 되어 무수히 많은 다른 언어로 번역이 가능해진 것이다. 이상의 발전 단계는 번역능력을 언어치환 능력으로 인식하던 초기의 인식에서 출발하여 점차로 맥락적 요소를 포괄하는 방식으로 변화해 나가고 있음을 보여 준다. 결국 번역능력은 단어 대 단어의 치환 능력, 구문 분석 능력, 의미 분석 능력, 문맥을 감안하는 총체적인 능력으로 구성되는 것으로 이해된다. 그런데 과연 이러한 요소들만으로 번역능력을 충분히 설명할 수 있는 것일까? 우선 기계번역을 사용한 번역의 예를 보여 주는 아래 지문을 살펴보자. 이하는 한영/영한 기계번역프로그램인 오토트란(Auto tran)으로 번역한 결과이다.

원문 :

NEW YORK (CNN/Money) - Hurricane Katrina could cost the U.S. over 400,000 jobs and shave up to 1 percent off the nation's economic growth in the second half of the year, the Congressional Budget Office said.

번역문 :

뉴욕(CNN/돈)-허리케인 Katrina에 미국은 400,000 이상 작업을 소비할 수 있고, 거주지의 경제성장으로부터 떨어져서 하반기에서 최고 1퍼센트를 삭제할 수 있었습니다고, 연방 의회 예산국이 말했습니다.

번역물을 살펴보면 컴퓨터는 영어텍스트의 'economic growth'를 '경제성장'으로 'second half'를 하반기로 'Congressional Budget Office'를 연방 의회 예산국으로 번역해 내었다. 그런데 한국어 번역문에서 '400,000 이상 작업을 소비할 수 있다'는 어떤 의미이며, '거주지의 경제성장으로부터 떨어져서'라는 것은 또 무슨 뜻인가? 또한 '1퍼센트를 삭제한다'라는 말은 어떻게 이해해야 할까? 영어원문에서의 'job'은 '작업'이 아닌 '일자리'이며, '경제성장'은 '경제성장률'을 의미하는 것임을 기계는 이해하지 못하였다. '허리케인 카트리나로 인하여 40만 개의 일자리가 없어지고 하반기 경제성장률을 1퍼센트 깎아먹게 되었다'는 의미는 기계의 번역을 통해서는 좀처럼 파악되지 않는다.

그렇다고 해서 기계번역이 전체적으로 무용하다고 볼 수 있을까? 위의 예를 통하여 오히려 우리는 기계번역이 어떤 분야에서 얼마나 유용할 수 있는지를 유추할 수 있다. 위의 예는 영어와 한국어라는, 기본적으로 통사구조가 크게 다른 언어 간의 번역 사례이다. 또한 'job'이라는 단어는 때에 따라 '작업'으로도 번역될 수 있다. 'job'이라는 단어가 가진 다의성이 문제가 되었을 뿐, '하반기'라는 단어는 제대로 번역해 내었다. 그렇다면 한 단어가 지정된 하나의 의미만을 가지는 텍스트 상황(일기예보, 기술문서) 속에서, 혹은 통사구조가 유사한 언어들 간(예를 들어 유럽 언어들 간, 혹은 한국어나 일본어 간)의 기계번역은 훨씬 만족스러운 결과를 나타낼 것임이 분명하다.

그러나 눈부신 기술발전에도 불구하고 현재 단계에서의 기계번역은 인간의 번역만큼 만족스러운 결과를 생산해 내지는 못하고 있다. 그리고 이러한 결과는 인간의 '번역능력'에 대한 새로운 깨달음을 주고 있다. 인간보다 훨씬 많은 정보를 저장할 수 있고, 정보를 잊어버리거나 누락시키는 일도 없으며, 인간과 비교도 안 되는 속도로 단어나 문장 차원, 맥락 차원의 분석이 가능하며, 인간과는 달리 한 언어에서 동시에 수많은 언어로 번역해 내는 능력까지도 갖춘 기계가 왜 고품질의 번역을 생산해 내지 못하는 것일까? 기계에는 없고 인간에게는 있는 번역능력의 구성요소는 무엇인가? 사실 이 질문에 간단하게 답변을 할 수 있다면 기계번역의 품질문제가 해결되는 것은 시간문제일 것이다. 현재로서는 번역능력의 구성요소에 대한 학계의 다양한 논의들 속에서 그 답변의 실마리를 찾아보는 수밖에 없을 것이다.

번역능력의 구성요소

번역능력이 어떤 요소들로 구성되어 있는지에 대해 가장 먼저 관심을 가졌던 것은 번역을 가르치는 번역교사들이었다. 주어진 기간 안에 번역학습자들의 번역능력을 제고하는 것이 번역교사들의 목표라고 할 때, 번역능력이 무엇인지를 이해하는 것은 번역교육의 효율성을 위해 필수적인 것이었다. 만일 번역능력이 A, B, C로 구성되어 있다면 번역교육은 의당 A, B, C를 향상시키는 방향으로 설계되어야 할 것이었다.

오랫동안 번역능력은 언어능력과 동일시되어 왔다. 다시 말해 언어만 잘하면 누구든 번역을 할 수 있는 것으로 오해되어 왔다. 이렇듯 번역능력이 언어능력과 구분되지 않았던 시대에는 당연히 번역교육이 언어교육, 심지어는 언어학 교육과 병행되었으며, 번역경험이 전무한 언어학자들에 의하여 번역실무자를 양성하는 교육이 이루어지기도 하였다. 그러나 예를 들어 영어문법, 통사, 표현들을 숙지하고 영어에 대한 언어학적 지식을 쌓는다고 해서 영어를 한국어로, 혹은 한국어를 영어로 옮기는 번역작업을 잘하게 되는 것은 아니라는 사실이 인식되기 시작하였다. 또한 외국어를 잘하는 것과 번역을 잘하는 것은 별개의 문제라는 점도 깨닫게 되었다. 영국의 한 번역학자가 한 말을 음미해 보자.

> Any old fool can learn a language, but it takes an intelligent person to become a translator.[14]
> 어느 바보라도 언어는 배울 수 있으나 영리한 사람만이 번역사가 될 수 있다.

위의 문장은 언어능력과 번역능력이 서로 다른 것임을 지적하고 있다. 한마디로 외국어 실력이 뛰어난 사람이라고 해서 누구나 번역을 할 수 있는 것은 아니라는 것이다. 실제로 해외에서 오래 체류하여 유창한 외국어 실력을 자랑하는 사람이 늘 좋은 번역을 생산해 내는 것은 아님을 우리 주변에서 종종 확인할 수 있는 사실이다. 그런데 위의 인용문에서 지적하는 대로, 영리한 사람(intelligent person)만이 번역사가 될 수 있다면 번역을 하기 위해 갖추어야 할 영리함(intelligence)의 정체는 무엇인가? 언어적인 능력 이외에 번역사가 갖추어야 할 플러스알파는 무엇인가?

많은 학자들이 번역능력(translation competence)을 구성하는 요소에 대해 고찰하였고 나름대로의 답변을 제시하였다. 초기의 학자들은 번역능력이라는 것이 '이중언어 사용자들이 의례 가지고 있는 신비하고 설명 불가해한 능력'이라고만 생각하였기에, 그 구체적 구성요소들을 나열하는 것은 엄두도 내지 못하였다. 그러나 언어학이 발달하면서 번역능력의 구성요소를 언어학적 토대에서 해석하려는 노력이 이루어졌다. 예를 들어 문법적 능력, 통사적 능력 등을 갖추는 것이 번역능력의 핵심이라고 생각한 것이다. 물론 여기서의 문법적, 통사적 능력이란 원천언어와 목표언어의 그것을 모두 포괄하는 것이며 보다 구체적으로는 원천언어로 표시된 단어나 문장을 목표언어로 '치환'할 수 있는 능력을 포함하는 것이다. 그러나 이러한 작업은 앞서 소개한 번역기계도 충분히, 혹은 인간보다도 더 잘 수행할 수 있다. 그리고 번역사들이 늘 자신이 번역하는 언어들에 대한 언어학적, 통사적인 지식을 갖추고 있는 것은 아니었다. 그래서 번역능력의 설명에 새로이 추가된 요소가 바로 번역사의 '전략적 선택'의 능력인 것이다.

번역능력은 선택능력이다

오늘날에는 번역의 과정을 일련의 의사결정과정(decision making process)으로 설명한다. 이는 번역을 번역이 단어 대 단어의 치환 작업이라고 여겼던 과거의 인식과는 큰 차이점을 보인다. 번역을 단어 치환 작업과 동일시하는 사람들은 사전만 있으면 누구나 번역을 할 수 있다고 생각한다. 그러나 실제로 한국어로 쓰인 소설이나 계약서를 아랍어나 러시아어로 옮기려 하는 번역사에게 아랍어 사전이나 러시아어 사전은 큰 도움이 되지 못한다. 번역의 과정이 일련의 결정을 내리는 과정이라고 할 때 번역사가 내려야 하는 결정의 범주는 언어적 차원을 훨씬 넘어서는 어떤 것이기 때문이다.

다음은 프랑스의 소설가인 베르나르 베르베르의 『뇌』라는 소설의 첫 부분을 번역가 이세욱이 한국어로 번역한 것이다.

> 그는 자기 퀸을 조심스럽게 전진시킨다.
> 대모갑(玳瑁甲)테 안경을 쓴 이 남자는 체스 세계 챔피언 자리를 놓고 〈딥 블루 IV〉라는 컴퓨터와 대결을 벌이고 있다. 장소는 영화제를 비롯한 국제적인 행사가 자주 열리는 칸의 페스티벌 궁

전이다. 바닥이 펠트로 덮인 대형 강당에 행사장이 마련되었다.[15]

위의 지문은 소설의 초반부, 사람과 컴퓨터 간의 체스 대결 장면을 묘사하는 대목이다. 일단 독자들은 한국어 번역본의 '대모갑테'라는 용어를 낯설게 느낄 것이다. 한국인 독자에게는 국어사전을 찾아 보아야 할 만큼 익숙지 않은 단어이다. 번역자는 소설 도입부에 등장하는 이 단어를 단순히 '뿔테 안경'이라고 번역할 수도 있었을 것이다. 혹은 한자표기를 병행하지 않고 '대모갑'이라고만 번역할 수도 있었을 것이며, 의미를 모르는 독자들을 위해 대모갑이란 '바다거북과인 대모의 배갑인판(背甲鱗板)의 표면을 싸고 있는 얇은 반투명층으로 누런 바탕에 검은 점이 찍혀 있음'이라고 역주를 달아서 설명을 할 수도 있었을 것이다. 최종적으로 번역자는 역주를 달지 않고 괄호 안에 한자표기를 병행하는 방식을 택하였다. 이러한 종류의 선택에는 정답이 있을 수 없다. 따라서 역자의 선택이 옳은가 그른가에 대하여는 말하기 어렵다. 중요한 것은 역자가 어떠한 과정을 거쳐 이러한 결론에 이르렀는가의 문제이다. 위의 번역서를 읽어 본 사람이면 누구나 친절하고 상세하게 달려 있는 역주의 양에 놀라게 될 것이다. 그런데 왜 유독 '대모갑테'에는 역주를 달지 않았을까? 꼼꼼히 역서를 살펴본 독자는 '대모갑테'가 이야기의 전개에서 역주를 필요로 할 만큼 중요한 요소가 아니며, 반면 역주 처리되어 있는 다른 요소들의 경우 가독성을 방해할 위험을 무릅쓰고라도 역주를 달 만큼, 번역사가 중요하다고 판단한 정보들이 제시되어 있음을 알 수 있다. 대모갑이라는 단어는 단지 한자어를 병기하는 정도로만 설명해도 무방한 것으로 판단한 것이다. 이러한 일련의 논리적 사고를 거쳐 최종적 '결정'을 내리는 것은 온전히 번역사의 몫이며, 이러한 결정은 '언어적' 차원을 전적으로 넘어서는 것이다.

언어능력과 지식만으로 번역이 가능하다면 전문가시스템이 사람보다 번역을 못할 이유가 없다. 그런데 사람이 기계보다 번역을 더 잘할 수 있는 것은 바로 사람이 가지고 있는 고유의 능력, 즉 이와 같은 '전략적 선택 능력' 때문이다. 전략적 선택 능력은 한마디로 어떠한 문제가 발생하였을 때 이를 자체적인 성찰을 통하여 해결할 수 있는 능력이다. 번역의 과정에서 발생하는 문제의 유형은 무한히 다양하다. 아무리 유연하고 합리적인 결정을 내리는 기계라 해도 인간이 '입력하지 않은' 새로운 규칙을 스스로 만들어 내지는 못한다. 반면 인간은 무한히 다양한 번역 상황 속에서 그만큼이나 다양한 번역 문제에 봉착하여 이를 스스로의 힘으로 해결해 내는 능력을 가지고 있다. 번역의 과정은 한마디로 끝없는 문제해결의 과정이며 선택의 과정인 것이다.

호주 출신의 번역학자 핌(Pym)은 이를 다음과 같이 정리하였다.

번역사는 첫째, 하나의 원문을 번역하기 위한 다양한 대안을 생

산해 낼 수 있어야 하며,

　둘째, 그중 주어진 상황에서 가장 적절하다고 판단되는 번역문을 선택할 수 있어야 한다.[16]

　여기에서는 더 이상 단어 대 단어의 치환, 혹은 통사적·구문적 지식에 대해 언급하지 않음에 주목해야 할 것이다. 인간의 번역이 기계의 번역보다 우수한 이유는 기계와는 달리 '적절한 번역을 선택하는' 자체적 판단능력이 있기 때문이다. 물론 IT기술이 현재와 같은 속도로 발전을 거듭한다면, 언젠가는 지금보다 훨씬 높은 수준의 문제해결 능력을 보유한, 그래서 우수한 품질의 번역을 생산하는 보다 완전한 프로그램을 만들게 될 수도 있으며, 궁극적으로는 인간의 손을 전혀 필요로 하지 않는 자동번역에 이르게 될지도 모른다.

　그러나 그러한 기계가 인간 번역사를 완전히 대체하게 될 것인지는 확언할 수 없다. 오히려 기계번역에 맡겨지는 것은 번역작업에서 전적으로 반복적이거나 기계적인 부분들이 될 것이다. 특히 단순한 전문용어가 반복적으로 사용되는 텍스트들의 경우, 기계번역은 이미 충분히 그 몫을 하고 있다. 그러나 그 나머지의 부분, 즉 번역능력의 핵심인 선택과 결정을 필요로 하는 작업은 전적으로 인간 번역사에게 맡겨지게 될 것이다.

번역능력은 어떻게 향상시킬 수 있는가

우리는 앞서 언어능력은 번역능력을 구성하는 필요조건일 뿐, 충분조건일 수 없음을 확인하였다. 그렇다면 번역능력은 어떤 방법으로 향상시킬 수 있는가? 번역교육은 어떻게 이루어져야 하는가?

전 세계적으로 전문번역교육은 학사, 혹은 석사 수준에서 이루어지고 있다. 그런데 이는 각 국가의 언어상황에 따라 다르기도 하여, 캐나다, 벨기에 등 다언어 국가들의 경우처럼 일찍부터 외국어에 노출되는 경우 학사 과정에서 번역을 가르치는 것이 큰 문제가 되지 않는다. 그러나 단일언어 국가들의 경우, 보통 전문번역사를 양성하기 위한 번역교육은 석사 수준에서 이루어지는 것이 일반적이다. 대부분의 전문번역사 양성기관에서는 '언어가 아닌 번역을 가르친다'고 표방한다. 따라서 원칙적으로는 번역전문교육기관에 입학하는 예비번역사들은 이미 상당한 수준의 언어실력을 갖추고 있어서 번역기술만 습득하면 현장에서 번역사로 활동할 수 있는 수준이어야 하는 것으로 전제한다. 그러나 실제로 번역교육기관에서 언어교육을 전적으로 배제하기는 쉽지 않다. 그 이유는 일반적 의미에서의 언어능력과 '번역에 필요한 언어능력'은 별개이기 때문이다. 여기서는 전문번역사 양성기관에서 사용되는 번역능력 향상 연습 방법을 몇 가지만 소개하고자 한다. 단, 여기서 제시되는 예들은 문학번역보다는 실용번역을 위한 연습임을 밝혀둔다.

적극적 읽기(active reading)

한국어로 된 소설이 있다고 하자. 이 소설을 일반 독자들이 읽는 방법과 이 소설을 번역하게 될 번역사가 읽는 방법은 동일할 수 없다. 번역을 전제로 하고 책을 읽는 번역사는 텍스트의 큰 흐름을 이해하는 방식으로 읽어야 한다. 여기서 중요한 것은 단어나 문장 차원에 집착하지 않고 전체의 흐름을 염두에 두고 읽어나가는 것이다. 저자가 어떤 방식으로 이야기를 풀어가며, 각각의 아이디어들은 어떻게 연결되는지, 그리고 궁극적으로는 어떠한 결론에 이르고자 하는지를 파악해야 한다. 이러한 과정은 추후 번역사가 무엇을 선택하고 결정할 것인지에 활용할 중요한 정보가 되기 때문이다. 예를 들어 한국어 소설을 외국어로 번역할 경우, 등장인물의 캐릭터를 이해해야만, 그 사람의 어투를 가장 잘 드러내는 방식으로 번역할 수 있을 것이다. 이는 문학번역에서뿐 아니라, 실용텍스트의 번역에서도 마찬가지이다. 영어의 'nuclear'를 한국어 '핵'이라고 번역할지 '원자력'이라고 번역할지를 가르쳐 주는 사전은 없다. 이는 번역사가 텍스트의 전체적 어조를 파악한 후에야 비로소 결정 가능한 것이다. 아래와 같이 텍스트의 '골조'를 표시해 가며 읽는 연습을 통하여 단 시간 내에 주어진 텍스트의 논지를 파악할 수 있게 된다.

〈적극적 읽기의 예〉

'회초리' 허용기준 등 면밀히 분석을

(한겨레, http://www.hani.co.kr, 2004.4.3)

한 고교 교사가 여학생을 심하게 때리는 장면이 담긴 동영상이 인터넷을 통해 유포돼 교육 현장에서 이루어지는 체벌이 사회적 쟁점으로 떠오르고 있다. 그런데 체벌은 오늘날에 새로 생긴 관행이 아니다. 과거에도 체벌은 있었다. 우리나라에서 초·중·고등학교를 다녀 본 사람이라면 교육 현장에서 체벌이 언제나 되풀이되어 왔다는 걸 알고 있다. *(문제제기-인터넷 동영상 유포)* 그런데 예전에 학교를 다닌 사람들은 교육 현장의 체벌을 당연하다고 여겼다. 교사, 학생, 학부모 모두가 체벌을 당연하게 여겼다. 그런데 최근 들어 교육 현장에서 체벌이 필요한지 여러 사람들이 의아해하고 있다. *(예전에는 당연시, 요즘에는 논란)* 두 가지 상반된 의견이 존재한다. 체벌을 교육 현장에서 영원히 추방해야 한다는 의견을 적극적으로 제시하는 사람들도 많다. 개인의 인권 존중 차원에서 체벌은 교육 현장에서 사라져야 한다는 주장을 펼치고 있다. *(체벌 반대자 주장)* 다른 한편에선 감정적 체벌이 아니라 교육적 체벌은 필요하다는 의견을 제시하는 사람들도 적지 않다. 교육적 체벌은 감정적 체벌인 폭력과는 다르며 교육적 체벌을 통해 바람직한 교육 효과를 내는 사례들이 많다는 주장을 펼치고 있다. *(체벌 찬성자 주장)* '어떤 경우에도 체벌을 허용해서는 안 된다'는 주장과 '체벌 방법이 문제이며 올바르게 사용할 경우 교육적 효과를 높일 수 있다'는 주장이 엇갈린다.

서로 다른 주장의 기본 내용을 알아보자.

(찬성주장) 우선 체벌 허용을 주장하는 사람들은 <u>통제의 필요성</u>을 강조한다. 현재의 학교교육 현실에서 체벌은 다수 학생들을 통제하는 수단으로 꼭 필요하며, 그 효과도 빠르게 나타난다는 것이다. 또 체벌 당시에는 학생이 고통과 치욕감을 느낀다고 해도 시간이 지난 후에 <u>교육적 효과</u>가 나타날 수 있다고 주장한다. 또한 체벌 찬성론자들은 체벌이 아닌 다른 <u>대안이 없다</u>는 점을 강조한다. 벌점제 등이 있기는 하지만 이것으로 학생들을 통제하기란 무리라고 본다. 특히 초등학교와 중학교의 경우 퇴학 등 중징계를 내릴 수가 없기 때문에 체벌이 없다면 학생들을 지도하는 데 어려움이 많다고 호소한다. (이에 대해 다음 의문을 제기할 수 있다. 지나치게 교사 중심으로만 교육 활동을 보고 있지 않은가 학생을 통제의 대상으로만 보고 있지 않은가 교육적 효과를 외적인 것으로만 판단하고 있지 않은가) → *찬성론의 한계*

(반대주장) 체벌을 반대하는 쪽 주장을 보자. 이들은 체벌을 폭력으로 간주한다. 체벌은 학생의 인격을 모독하는 행위이며 체벌 자체에 내재된 폭력성 때문에 교육적 의미가 떨어진다고 본다. 체벌의 교육적 효과는 폭력에 대한 두려움에서 비롯된 복종일 뿐이라고 일축한다. 그리고 체벌은 <u>학생의 자율성과 창의성 발휘를 억제</u>한다고 주장한다. 체벌 아닌 상담, 격려, 벌점제 등을 학생 통제의 수단으로 제시한다. (이에 대해서는 다음과 같은 반론이 나올 수 있다. 체벌 반대가 단지 교사에 대한 불신에서 비롯된 것은 아닌가 대화를 통해서 학생들의 갖가지 문제 행동을 차단할 수 있는가 체벌에 대한 두려움 때문이라 할지라도 옳은 행위를 하고 그른

행위를 하지 않도록 유도하는 것은 차선적인 교육 방법이 되지 않을까) → *반대론의 한계*

오늘날 체벌에 대한 인식은 과거와는 다른 양상으로 전개되고 있다. 특히 체벌에 관한 학생들의 인식은 과거의 학생들에 비해 더욱 다르다. 대부분의 학생들은 체벌을 절대 반대한다. 학생은 인격적으로 교육을 받아야 하는 존재이기 때문에 기본적으로 체벌은 용인될 수 없다고 생각하고 있다. 반면 교사들은 생각이 다르다. 적지 않은 교사들은 교육적 체벌이 필요하다고 생각하고 있다. 감정적 체벌이 아니라 교육을 위한 체벌은 필요하다는 주장이다. 합리적 기준에 근거한 교육적 체벌을 마련하여 교육적 효과를 극대화할 수 있어야 한다는 생각이다. → *학생인식과 교사인식의 차이*

체벌에 대한 인식이 이렇게 다르다 보니 과거에는 볼 수 없었던 불미스런 사건들이 교육 현장에 나타나기도 한다. 학생이 교사를 고발하고 학부모가 학교로 찾아와 교사에게 모욕을 주기도 한다. 그리고 경찰이 학교를 찾아와 교사를 취조하기도 한다.(→ *인식차에 의한 갈등*) 우리를 더욱 안타깝게 만드는 일이 있다. 교사들의 체벌을 반대하는 학생들이 후배들을 집단적으로 혹은 개인적으로 폭행하는 모순을 보여주기도 한다. 교사에 의해 이루어지는 폭언, 신체적 고통을 반대하면서 후배나 동료들에게 폭언을 하거나 신체적 고통을 주거나 위협을 주는 학생들도 없지 않다.(→ *학생들의 이율배반적 행동*)

우리는 이 시점에서 진지하게 교육 현장에서 처벌이 과연 필요한가를 물어봐야 되며 체벌이 왜 사라지지 않는가를 물어봐야 한다.

평행텍스트(parallel texts)를 활용한 표현력 향상

번역사의 선택과 결정 능력을 향상시키기 위한 또 하나의 방법은 번역사의 선택의 폭을 넓히는 방법이다. 일반적으로 한국어와 외국어에서의 표현능력을 향상시키기 위해서 가장 좋은 방법은 독서와 글쓰기일 것이다. 따라서 독일어와 한국어를 번역하는 번역사는 독일어와 한국어로 된 텍스트들을 꾸준히 독서하면서 좋은 어휘와 표현들을 익혀서 자기 것으로 만들어야 한다. 외국어 사전뿐 아니라 좋은 국어사전을 수시로 참고해 가며 읽고, 잘 쓴 글이나 논리전개가 훌륭한 텍스트들은 반복해서 읽어 가면서 자기 것으로 만드는 것이 중요하다. 그러나 번역에 필요한 표현능력을 향상시키기 위해서는 보다 구체적인 방법들을 활용할 수 있으며, 그중 하나가 바로 '평행텍스트'를 활용하는 방법이다. 평행텍스트란 '목표언어로 쓰인 동일한 주제를 다루는 텍스트'를 말한다. 예를 들어 '비만'을 주제로 하는 한국어 텍스트를 영어로 번역해야 하는 번역사는 우선 비만에 대해 영어로 쓰인 텍스트들을 참고하게 되는데 이것이 바로 '평행텍스트'이다. 이를 통해 목표언어권에서 어떤 어휘로 어떤 방식으로 설명하는지를 파악할 수 있다. 평행텍스트는 번역문이 아닌 목표언어권의 저자가 쓴 정통텍스트(authentic text)라야 한다. 번역사는 번역의 종류, 상황에 따라 다양한 언어를 구사할 줄 알아야 한다. 단순한 대담자료를 번역할 때와 법률문서를 번역할 때에는 서로 다른 언어가 사용된다. 필요에 따라 최대한 다양한 어역(register)을 구사

할 수 있으려면, 평소에도 다양한 평행텍스트들을 확보하여 읽고 비교해 가면서 어휘와 표현을 늘려 가야 한다.

시역(視譯, sight translation)

시역이란 원천언어로 쓰인 텍스트를 눈으로 읽어 가면서 목표언어로 구역하는 것이다. 예를 들어, 영어로 쓰인 텍스트를 눈으로 읽어 가면서 이해하고, 이해한 바를 한국어로 말하는 것이다. 통역연습을 위한 테크닉으로도 사용되는 시역은 정식으로 번역을 하기 전에 번역시 발생할 문제들을 예측해 보고 주어진 텍스트를 어느 정도로 명확하게 이해하였는지를 가늠해 볼 수 있게 한다. 한국어에서 외국어, 외국어에서 한국어 방향으로 모두 연습할 수 있으나, 초기에는 보다 쉬운 외국어 → 한국어 방향의 연습으로 시작하여 어느 정도 익숙해지고 나면 한국어 → 외국어 방향의 연습을 시작한다. 구체적인 방법은 다음과 같다.

① 우선 1페이지 정도 길이의 외국어 텍스트를 처음부터 끝까지 빨리 읽으면서 전체의 논리적 흐름을 파악한다. 이때 중요한 논리적 연결고리에는 표시를 해 둔다.

② 이번에는 텍스트의 처음으로 돌아가 소리 내어 번역한다. 원문의 어순을 가능한 한 따라가면서 짧은 문장으로 끊어서 구역하는 것이 좋다. 문서의 내용을 모르는 사람에게 내용을 요약해 준다고 생각하면 된다.

③ 자신이 시역한 내용을 녹음한 후에 들어 보는 방법을 통

하여 어색하거나 불명료한 부분을 확인할 수 있다.

번역물 감수

번역능력을 제고하기 위한 훈련으로서의 번역물 감수는 흔히 교육적 감수(pedagogic revision)라 부르는 것으로, 전문적 감수와는 다르다. 우선 다른 사람이 번역해 놓은 텍스트와 그 텍스트의 원문을 확보한다. 교육적 감수에서는 일단 원문 없이 번역문을 읽는 것을 원칙으로 한다. 원문을 읽지 않은 상태에서 번역문을 읽으면서 전적으로 번역문의 독자 입장에서 텍스트를 마주하게 되고, 이 과정에서 번역텍스트가 얼마만큼의 완결성을 가지고 있는지 객관적으로 판단할 수 있게 된다. 이러한 연습을 통하여 번역학습자는 간접적으로 자신의 번역물을 '타자의 눈'으로 읽는 연습을 하게 된다. 번역문을 읽으면서 문제가 되는 부분이나 이해가 되지 않는 부분을 표시하고 나서 최종적으로 원문과 번역문을 대조해 가면서 번역상의 문제를 확인해 보고 개선안을 찾아본다.

번역의 실제

번역의 이론과 실제 간에는 항상 일정 정도의 간극이 존재해 왔다. 다시 말해 번역에 관하여 논하는 사람들과 실제 번역을 하는 사람들 간에는 항상 괴리가 있었다. 실무번역사들은 실무 현장을 제대로 반영하지 못하는 추상적이고 공허한 이론들을 비난해 왔으며, 실제로 번역이론가들이 제시하는 상당수의 주장들이 실무적으로는 아예 적용이 불가능하거나 지나치게 원론적이고 추상적인 경우가 많았다. 본 장에서는 번역의 실제에 조금 더 다가가 보고자 한다. 구체적 현장 속에서의 번역에 대한 이해가 없이는 일반적이고 원론적인 담론에 머무를 수밖에 없기 때문이다.

번역 현장의 모습을 한 두 마디로 정리하는 일은 사실상 거의 불가능하다. 국가별, 언어별, 문화별로 번역 실무의 모습은 다른 양상으로 드러날 것이기 때문이다. 심지어 한 언어권 내에서도 다양한 종류의 번역이 다양한 형태로 존재한다. 따라서 본고에서는 번역의 주요 유형들을 선별하되, 가능하면 국내의 상황을 기준으로 살펴보고자 한다. 특히 출판번역이나 문학번역뿐 아니라 지금까지 상대적으로 소홀히 다루어져 왔던 몇 가지 유형의 번역들을 이론적 차원에서가 아닌 실무적 차원에서 접근해 보고자 한다.

문학번역

혹자는 번역의 영역을 크게 문학번역과 비(非)문학번역으로 대별하기도 한다. 문학번역 이외의 다른 모든 번역을 비문학으로 통칭할 만큼, 그리고 현재까지 많은 사람들이 '번역'이라는 것을 무조건 문학번역과 동일시할 만큼, 문학번역은 번역의 영역에서 큰 비중을 차지한다. 이는 학문으로서의 번역담론(즉 번역학, translation studies)에서도 마찬가지여서 근대적 의미의 번역학은 상당부분을 문학번역을 둘러싼 역사적 논의들에 빚지고 있다. 그렇다면 문학번역이란 무엇인가? 이는 '문학텍스트'가 무엇인지를 정의하는 것만큼이나 복잡한 일이나, 일반적으로 문학번역은 '텍스트의 내용전달보다 문학적, 심미적 측면의 전달이 더 큰 비중을 차지하는 번역'으로 폭넓게 정의할 수 있다. 그러나 과연 어디까지를 문학번역이라고 정의할지 역시 상당히 애매한 문제여서 작품성을 인정받은 소위 '문학적 걸작'의 영역으로 범위를 한정시키고자 할 때는 '명저번역' '작품번역' '고전번역' 등의 용어들을 사용하기도 한다.

우리나라에서 '고전번역'은 주로 한문으로 된 고전들을 국역하는 작업을 의미한다. 이런 종류의 텍스트에서는 전체의 내용이나 줄거리만큼이나 (혹은 경우에 따라서는 그보다 더) 중요한 것이 바로 원 저자의 문체, 분위기, 문장의 길이, 호흡 등 작품이 가지고 있는 고유한 특성들을 제대로 전달하는 것이다. 따라서 번역의 과정에서도 이러한 요소들을 최대한 충실하게 전달하는 것이 관건이다.

그러나 실제로 문학작품을 번역할 때, 늘 이러한 조건을 모두 충족시킬 수 있는 것은 아니며, 어떤 요소들은 아예 '번역이 불가능한' 것처럼 느껴지기도 한다. 박경리의 소설 『토지』에 나오는 정감 있고 해학적인 경상도 사투리를 영어나 프랑스어로 얼마나 제대로 옮겨 낼 수 있을 것인가? 16세기의 영어로 쓰인 셰익스피어의 소네트를 한국어로 번역하면서 그 운율까지 살려 내는 것은 얼마나 어렵고도 고단한 일인가?

그럼에도 불구하고, 이론적으로는 언뜻 번역 불가능해 보이는 이러한 문학작품은 고대로부터 오늘날에 이르기까지 수세기 동안 끊임없이 번역되어 왔다. 뿐만 아니라 호메로스, 셰익스피어, 세르반테스 등의 대문호들이 인류에게 남긴 고전들은 한 번 번역되고 그친 것이 아니라 끝없이 재번역되고 있다. 이러한 현상은 정보성과 메시지 전달 위주의 실용번역의 영역에서는 매우 드문 일로 이는 문학번역이 단순한 메시지 전달이 아닌 작품의 끝없는 다시 읽기의 과정임을 드러낸다. 그래서 문학번역의 경우는 다른 번역과는 달리, 문학적 소양과 필력이 그 어느 분야에서보다 더 중요하다. 문학번역의 영역에서 유독 '번역작가'라는 말이 사용되는 이유는 번역자에게 창작에 비견될 만한 담금질과 창의력을 요하기 때문일 것이다.

현재 문학번역의 현황을 살펴보면, 해당언어권의 문학전공자들에 의해 상당부분이 소화되고 있으며, 특히 특정 작가 혹은 특정 주제를 깊이 천착하는 작품들의 경우, 해당 작가나 주제를 전공한 연구자들이 번역하는 경우가 많다. 왜냐하면 이러한 작품들을 번역할 경우, 번역의 기술만큼이나 중요한 것이 해당 주제 혹은 해당 작가에 대한 언어외적 지식이기 때문이다. 물론 이러한 주제지식이 그 자체로서 번역의 충분조건이 될 수는 없으며 언어외적 지식 외에 번역에 필요한 노하우를 갖추지 않은 사람이 번역을 수행한 경우에는 상당한 논란이 불거지기도 한다.

출판번역

앞서 설명한 문학번역은 대부분 도서 형태로 출판되고 소비되므로 넓게 보면 '출판번역'의 영역에 포함된다. 하지만 '출판번역'의 대상은 문학의 영역에만 국한되지 않으며, 실용서, 만화, 이론서, 교양서 등 무한히 다양하다. 우리나라 출판

시장에서 번역서가 차지하는 비중은 상당하여서, 1995~2004년의 10년간 발행된 도서 총 346,167종 중에서 번역 도서가 78,604종으로 22.7퍼센트를 차지하고 있다. 이는 영국(3.3%), 프랑스(17.6%) 일본(9.5%)과 비교해도 높은 수치이다.[17] 출판되는 서적 다섯 권 중 한 권이 번역서라면 이는 국내의 번역관행, 더 넓게는 번역에 대한 성찰 자체를 좌지우지할 만큼 큰 비중이라고 볼 수 있다. 오늘날 국내의 번역담론이 왜 출판번역시장에서의 오역문제에 집중되고 있는지를 일부 설명해주고 있다.

출판번역의 경우 번역의 과정에서 다른 종류의 번역과는 다른 단계가 추가되는데 그것이 바로 '편집' 단계이다. 편집기간은 번역서의 난이도나 번역의 품질에 따라 다르나 보통 짧게는 한 달 반에서 길게는 3개월 정도이다. 편집 과정에는 오탈자나 띄어쓰기 교정 등 비교적 단순한 작업에서부터 원문과의 대조, 첨삭 등 고난이도의 작업이 모두 포함되며, 이 과정에서 번역의 품질이 상당부분 결정되기도 한다. 품질이 나쁜 번역문을 손보아 좋은 번역으로 만드는 작업은 '망나니 자식 잘 키워서 사람 만드는 것처럼 보람 있다'고 여겨지기도 하지만 편집자들의 고충이 얼마나 클지는 짐작할 만하다.[18]

출판번역을 하는 전문번역가들의 작업여건은 어떨까? 이들은 평균 350~400페이지 분량의 서적을 보통 2~3개월 내에 번역하게 된다. 언뜻 생각하기에도 번역사들이 엄청난 시간적 압박 속에서 작업하고 있음을 알 수 있다. 현재 출판번역사들의 번역료는 번역자의 경력이나 출판사의 사정 등에 따라 원고지 1매당 3,500원에서 4,000원 정도이며, 350~400페이지 짜리 소설 한 권을 두 달에 걸쳐 번역할 경우, 번역사가 받게 되는 번역료는 대략 700~900만 원 정도이다. 국내 번역시장의 경우, 번역서가 지나치게 영어권의 원서에 치중되어 있는 점, 낮은 번역료, 번역사의 전문성 결여 등이 문제로 지적되고 있다.[19]

한편 요즘은 한국의 문학작품을 외국어로 번역하는 작업도 과거에 비해 활발히 진행되고 있다. 1996년 한국문학의 번역과 해외출판을 지원하는 한국문학번역금고가 창설되고 2001년 한국문학번역원으로 확대 개편되면서 한국문학의 외국어번역을 체계적으로 지원하고 있다. 한국문학의 외국어번역은 언어권별로 사정이 다르나 한국인과 외국인이 한 조가 되어 이루어지는 경우가 많다. 예를 들어 한국의 소설을 스웨덴어로 번역할 경우 한국인 번역자와 스웨덴어 번역자(혹은 감수자)가 함께 작업하는 방식이다. 한국문학번역원에서 지원할 경우 한국어 작품 250~300페이지 기준 번역료는 대략 1600만 원 정도로 한국어 출판번역의 원고료에 비해 훨씬 높다.

실용번역(전문번역)

실용번역 혹은 전문번역이란 '문학적·심미적 텍스트가 아닌 구체적 기능이나 목적을 가진 텍스트의 번역'을 말한다. 문학번역이나 출판번역에 비해 국내의 번역시장에서는 덜 드러나 있는, 그러나 실무적으로는 문학번역 못지않게 중요한 역할을 담당하고 있는 영역이 바로 실용번역이다. 실용번역이라 하면 호적등본이나 각종 증명서 등의 번역을 떠올리는 사람들이 많다. 그러나 실제로 실용번역은 그보다 훨씬 다양해서 계약서, 입찰서류, 법률문서, 컴퓨터 프로그램, 기업정관 등 다양한 자료들을 외국어 혹은 한국어로 번역하는 작업이 모두 포함된다. 이러한 번역들은 대부분 번역관련 석사학위 이상을 소지한 전문번역사들에 의해 수행된다. 언어별로 차이는 있겠으나 특정 전문분야로 특화하여 전문성을 높이는 번역사들도 있다. 번역수요가 많은 기업에서는 인하우스 번역사(In house translator)를 고용하는 경우도 있다. 인하우스 번역사란 기업이나 정부기관에 채용되어 상근하는 번역사를 말한다. 일정기간 동안 인하우스 번역사로 일하면서 해당분야의 전문번역사로서의 지식을 습득한 후 다시 프리랜서로 활동하는 번역사들도 있다.

외국어에서 한국어로의 번역료는 언어별로 차이가 있으나 A4 1장 기준 5만~10만 원 정도이다. 과거에는 페이지나 줄 단위로 번역료를 산정하였으나 요즈음에는 글자나 단어 수를 기준으로 요율을 책정하는 것이 일반적이다. 한국어에서 외국어로의 번역료는 외국어에서 한국어 방향의 번역료보다 다소 높은데, 이는 한국어에서 외국어 방향으로의 번역을 수행할 수 있는 인력이 상대적으로 부족하기 때문이다. 또한 외국어 방향의 번역료에는 원어민에 의한 감수료가 포함되는데, 원어

민 감수료는 일반적으로 번역료의 20퍼센트 정도이다. 한편 단기간 내에 많은 물량의 번역을 소화해야 할 경우에는 불가피하게 여러 명의 번역사가 팀을 이루어 번역을 하기도 하는데, 이러한 경우 전체 작업을 조율하는 코디네이터를 지정하여 서로 다른 번역사가 나누어 번역한 텍스트의 문체, 어휘, 편집양식 등을 통일하는 역할을 수행한다. 내용이 전문적이고 기술적일 경우에는 해당분야의 전문가를 번역팀에 포함시켜 내용 감수를 의뢰하기도 한다. 번역 요율표는 <부록>을 참고한다.

영상번역

영상번역이란 비디오, 영화를 포함한 다양한 영상물을 번역하는 것을 말한다. 일반적으로 책이나 서류를 번역하는 일반 번역사들이 문건(paper)을 앞에 두고 번역하는 것과는 달리, 영상번역가는 영상을 보면서 번역한다. 일반적으로 영상번역이라고 하면 영화의 번역, 그것도 외국(주로 미국) 영화의 한국어 번역만을 떠올리는데, 실제로는 홍보영상물, 다큐멘터리, 애니메이션, 취재자료 등 다양한 영상물들이 존재하며, 외국어 → 한국어 방향의 번역뿐 아니라, 한국의 영상물을 외국어로 번역하는 작업도 대부분 국내의 번역사들에 의해서 이루어지고 있다. 영상번역사들은 일반적인 번역사들과는 전혀 다른 또 하나의 요소를 감안해야 하는데 그것이 바로 자막 작업과 더

빙 작업에서 오는 제약이다.

영상번역은 크게 번역대상에 따라 비디오번역, 영화번역, TV영화번역, 기타 영상물 등으로 구분되며, 상황에 따라 자막번역과 더빙번역 중 선택을 하게 된다. 과거에는 비디오나 영화의 경우 자막을, TV영화의 경우에는 더빙을 선택하는 것이 일반적이었으나, 오늘날에는 TV물의 경우에도 자막처리를 하는 경우가 많아지고 있다.

우선 자막작업에 대해 살펴보자면, 비디오 자막 작업과 영화 자막이 다소 차이가 있다. 비디오 자막의 경우는 일반적으로 띄어쓰기를 포함하여 가로로 16자씩 2줄, 모두 32자에 맞추어 번역을 하고, 자막의 위치는 스크린 아래쪽이다. 반면 영화번역의 경우는 과거 극장 좌석의 경사도가 낮았던 시절에는 스크린 오른쪽 7자씩 3줄(21자), 혹은 8자씩 2줄(16자)이 허용되었다. 그러나 오늘날은 극장이 멀티플렉스화되면서 경사도가 높아지고 관객들의 가시권이 확보되면서 스크린 아래쪽에 12자씩 2줄(24자)로 자막을 넣는 것이 일반화되었다. 어쨌든 영화번역사는 대략 20~24자 안에 모든 대화를 표현해야 한다.

자막 번역은 원어민의 목소리를 있는 그대로 들을 수 있다는 장점이 있다. 그러나 모든 영상물에 자막을 넣을 수는 없다. 모든 관객이 몇 초 만에 사라지는 자막을 따라가며 읽을 수 있는 것은 아니기 때문이다. 예를 들어 아동들을 대상으로 하는 만화영화의 경우 혹은 문맹률이 높은 국가들의 경우에는 선택의 여지 없이 더빙번역을 할 수밖에 없다.

더빙번역의 경우는 폭넓은 시청자들을 대상으로 하는 TV영화번역에 많이 사용된다. 더빙번역은 자막번역과는 또 다른 제약 속에서 작업해야 하는데, 바로 번역된 대사가 성우의 더빙을 통하여 내보내지기 때문에 외국인의 입모양에 대사를 맞추어야 한다(lip synchronizing)는 제약이 그것이다. 예를 들어 "I miss you."라는 대사를 번역한다고 할 때, 이를 외국어로 읽으면 "아이 미스 유" 5자로 읽혀지기 때문에 "나는 당신을 보고 싶어요."라는 뜻의 우리말을 5자로 표현해야 한다. "보고 싶어요." 하는 식으로 말이다. 이런 특징으로 인해 TV영화번역은 영상번역사가 하는 일 중 가장 어려운 일에 속한다.

한국방송작가협회 산하 번역분과(TV영화번역의 경우)와 4~5군데의 영상번역회사(영화, 비디오의 경우)를 중심으로 프리랜서 번역가들이 포진해 있으며 전업 영상번역사로 활동하고 있는 사람의 수는 그렇게 많지 않다. 영상물의 번역료는 대본(script)의 존재 여부, 난이도 등에 따라 달라지는데, 대본 없이 듣고 번역해야 하는 경우는 대본이 있는 경우보다 당연히 훨씬 번역료가 비싸진다. 영상번역료는 일반적으로 영화 한편에 200만 원에서 600만 원 정도로 책정이 되어 있으나 개인의 경력이나 인지도에 따라 크게 다르다. 기업체에서 의뢰한 교육용 자료라든가 홍보물의 경우는 단가가 조금 높아 외국어→한국어 번역의 경우는 10분에 20만 원, 한국어→외국어 번역의 경우에는 10분에 40만 원 정도이다. 현재 우리나라에는 영상번역가가 되려는 사람들에 대해 특별한 자격을 정해 두고 있지는 않다. 그러나 잘 알려진 영화번역가들을 살펴보면 대부분 영화에 대한 상식과 애정이 남다르고 뛰어난 언어감각을 가지고 있는 사람들이다.

로컬라이제이션(Localization)

IT기술이 발전함에 따라 매뉴얼, 소프트웨어, 홈페이지 등을 현지화하는 작업의 수요가 그 어느 때보다도 크다. 로컬라이제이션은 제품이나 서비스를 특정 지역의 문화, 법률, 언어 및 기술 요구 사항에 맞게 개정하는 작업을 말한다. 외국의 기업들이 만들어 낸 소프트웨어, 제품 설명서, 마케팅 자료, 교육 콘텐츠 및 웹 사이트를 현지화하여 세계 각국의 고객들에게 일관된 정보를 제공할 수 있도록 하는 작업이 로컬라이제이션이다. 로컬라이제이션은 다음과 같은 단계로 구성된다. 첫째, 현지 언어와 상황에 적합한 요구 사항을 찾기 위한 목표 시장을 점검한다. 둘째, 현지에 맞게 조정할 부분을 결정하기 위해 제품을 분석한다. 셋째, 텍스트 및 기타 언어적·문화적으로 차이가 있는 자료를 추출한다. 넷째, 추출한 요소를 번역하고 수정한다. 다섯째, 새로운 해외 시장 콘텐츠를 적용할 수 있도록 핵심 제품을 재조정한다. 여섯째, 새로운 해외 시장 버전이 국내 제품의 성능 기준에 맞는지를 테스트한다.

다양한 언어서비스 제공자로서의 번역가

이상에서 우리는 직업으로서의 번역세계를 실무적 차원에서 대략적으로 살펴보았다. 그러나 실제로 현장에서 번역사들이 수행하는 작업은 이처럼 명확하게 잘 구획되어 있는 것은 아니다. 위의 구분은 설명의 편의를 위한 구분일 뿐, 실제로 각각의 영역은 그렇게 분명하게 나뉘지 않는다. 그리고 한 사람의 번역가가 문학번역, 실용번역, 영상번역 등 다양한 종류의 번역들을 동시에 소화해야 하는 경우도 있다.

다음은 모 취업사이트에 한 정부기관이 영어번역사를 채용하기 위하여 낸 채용 공고 중 채용될 번역사의 '주요 업무 내용'을 설명한 부분이다.

- 지재권 국제협력 업무와 관련된 영문자료의 번역
- 지재권 국제협력 업무와 관련된 한글자료의 영문번역 및 영문레터 작성
- 특허청 영문 홈페이지 운영 지원
- 기타 능력범위 내에서 국제협력팀장이 필요하다고 인정하는 업무

위의 정부기관에서는 '번역만 하는' 번역사가 아닌 기타 다양한 업무를 동시에 수행할 수 있는 번역사를 원한다. 채용된 번역사는 '지적재산권'이라는 특정 분야에 전문지식을 가지고

있어야 함은 물론, 기타 영어권과의 커뮤니케이션 업무, 영문 홈페이지 운영 지원 외에도 '국제협력팀장이 필요하다고 판단하는' 다양한 업무를 수행할 능력을 갖추고 있어야 한다. 특정 분야에 대한 전문성을 가진 동시에 멀티태스킹(multitasking)이 가능한 인력을 선호하는 것은 어쩌면 어느 분야에서건 마찬가지일지도 모른다. 이는 번역시장이 성숙하고 번역사의 전문성이 오랫동안 인정받아 왔던 서구에서도 마찬가지인데 아래에 제시되어 있는 것은 캐나다의 한 정부기관에서 번역사를 모집하기 위해 낸 광고이다.

> 보고서, 안내문, 결정사항, 장관령, 브로슈어, 보도자료 등 다양한 대외용 및 내부 서류들을 직원 및 경영자들을 위하여 번역, 감수, 표준화하거나 윤문한다. 기관 내부의 번역 및 감수 수요를 조정한다. 장관의 브리핑 자료를 준비하고 기타 행정 서신들을 작성한다.

번역사는 번역, 감수, 표준화, 윤문, 업무 조정 등의 업무를 동시에 소화해야 한다. 이렇듯 번역사가 실제로 처리해야 하는 작업은 엄밀한 의미에서의 번역의 범주를 넘어서는 경우가 많다. 그렇다면 실무 현장에서 번역사가 수행해야 하는 다양한 업무들에는 어떠한 종류가 있을까? 이를 대략적으로 정리해 보면 다음과 같다.

요약

러시아 원자력 관련 연구소가 러시아어로 작성한 200페이지짜리 보고서를 국내의 한 연구소에서 입수하였다. 국내 연구소에서는 이 보고서의 내용을 최대한 빨리 파악하여 이를 내부 보고서 작성에 반영하여야 하는 상황이다. 그런데 이 보고서 전체를 번역하는 데에는 시간이 많이 걸리고, 연구소의 주된 관심사는 보고서 내용 중 특히 원자력 폐기물의 처리와 관련된 부분이다. 이런 경우 해당 문건을 처음부터 끝까지 번역하는 것은 시간과 비용 측면에서 효율적이지 못하다고 판단되므로, 연구소는 전문번역사에게 원자력 폐기물과 관련된 부분을 중심으로 전체적으로 원문의 내용을 압축, 요약할 것을 요구한다. 물론 경우에 따라서 요약된 내용을 검토하고 자료의 중요도를 판단하여 전체적으로 번역할 것을 결정하기도 한다.

번역이 아닌 요약 업무는 번역만큼의 집중력과 시간을 요구하는 작업이나 해당 번역사가 연구소와 오랜 기간 함께 작업해 왔을 경우 고객의 수요를 보다 정확하게 파악하고 있을 것이고 따라서 작업이 보다 효율적으로 진행될 수 있을 것이다.

감수

한국의 한 화장품 업체에서 국내 화장품 시장의 현황에 관한 보고서를 작성한 후 번역에이전시에 프랑스어로 번역해 줄 것을 의뢰하였다. 완성된 번역을 프랑스의 지사 측에 보냈는데 프랑스 지사의 프랑스인 지사장은 해당 문서의 번역품질에

〈감수보고서의 예〉

감수소견서

작성자 :
작성일 :
감수대상 문서 :

Ⅰ: 총평

외국어를 도착어로 하는 번역에서 흔히 보이는 부자연스럽고 한국어에 지나치게 밀착된 표현은 보이지 않으며, 유려하고 깔끔한 문체로 번역되었음. 더욱이 홍보물에 맞는 수사적이고 설득적인 표현들이 돋보임. 단지 몇몇 전문 용어의 번역에서 자료 조사 및 확인 작업이 미비했던 것이 아쉬우나 전반적으로 훌륭한 번역임.

Ⅱ: 세부평가 (매우 우수 A, 보통 B, 보완 요 C)

전달 (원문 메시지가 누락, 왜곡 없이 정확히 전달되었는가?)	B
언어규범 (도착어의 언어 규범을 준수하였는가?)	A
가독성 (논리적으로 자연스럽게 표현되었는가?)	A
기능적 적합성 (번역텍스트의 용도, 독자 등을 감안하였는가?)	A

Ⅲ: 감수 내용 (이하 내용을 수정한 감수본 별도 첨부)

	원문	감수 전	감수 후	비고
1				

문제가 있으며 이해가 어렵다는 내용의 회신을 보냈다. 이 화장품 업체는 번역에이전시에 클레임을 걸고 완성도 있는 번역문을 다시 송부해 줄 것을 요구하였다. 에이전시는 이 업체가 번역 의뢰한 한국어 원문과 번역된 텍스트를 다른 번역사에게 보내어 원문과 대조해 가며 잘못 번역된 부분을 수정해 줄 것을 요구한다. 감수 결과는 감수보고서 형식으로 작성한다.

코디네이션

한국의 한 건설업체가 중국정부가 진행하는 도로 건설 프로젝트에 입찰하기 위한 입찰 서류를 작성하고자 한다. 총 300페이지가량에 이르는 한국어 서류를 중국어로 번역해야 하는데 시간이 매우 촉박하다. 건설업체는 총 5명의 전문번역사에게 중국어 번역을 의뢰하고 다섯 명 중 한 명에게 코디네이션 작업을 의뢰한다. 코디네이터는 번역을 시작하기 전 번역할 부분을 분배하고 서식, 용어, 문체 등을 어떤 식으로 통일할 것인지를 정하여 모두에게 공지한다. 번역사들은 최대한 주어진 지침에 부합하는 방식으로 번역하고, 코디네이터는 전체 번역물을 취합하여 서로 다른 번역사들이 번역한 부분들이 통일성을 가지도록 다시 한 번 점검한다.

번역품질평가

한 정부기관에서 번역사를 채용하기 전에 지원자들의 번역능력을 평가하기 위하여 번역테스트를 실시하였다. 테스트 결과를 판단하기 위하여 해당분야에서 오랫동안 번역사로 일해 온 고참 번역사에게 지원자들의 번역문을 보내고 평가해 달라고 요구한다. 번역사는 자신의 평가기준을 밝히고 항목별로 점수를 부여하는 방식으로 평가한다.

북 리뷰(Book review)

국내의 출판사들은 외국의 작품들을 번역, 출판하기 위하여 해당 작품의 번역 저작권을 확보해야 한다. 예를 들어 미국에서 유명 작가의 새로운 소설이 출간되었다고 하자. 미국의 저작권 계약 대행업체는 한국의 출판사들에게 새로 출판된 신간들을 소개한다. 신간들이 상품성이 있다고 판단될 경우에는 이를 번역 출판하려는 한국 출판사들 간에 경쟁이 붙을 수도 있다. 이러할 경우, 한국 출판사들은 저마다 입찰가를 제시하게 되고 미국의 대행업체는 가장 높은 입찰가를 제시한 출판사에 판권을 넘기게 된다. 이러한 상황에서 한국의 출판사들은 입찰 여부, 그리고 입찰가 수준을 결정하기 위한 자료가 필요한데 이것이 바로 리뷰(도서검토문)이다.

대부분은 번역경력이 있는 사람들에게 북 리뷰를 의뢰하게 된다. 리뷰를 하는 사람은 해당 도서의 전체적 줄거리나 특징뿐 아니라, 주요 대상층, 시장성, 동종 도서의 판매 현황 등까지도 파악하여 정리하여야 한다. 이러한 작업은 대부분 시간이 촉박한 상황에서 이루어지기 때문에 리뷰를 작성하는 데 주어지는 시간은 대개 1주일 정도이다. 작업의 난이도에 비해 보수는 도서당 10만 원 정도로 낮은 편이다.

〈북 리뷰의 예〉

```
원제 : *****
가제 : ******
1) 출판연도 : **********
2) 출판사 : **********
3) 분류 : ************
4) 작가 : ***********
5) 작가소개:
6) 이 책의 의도 및 구성
7) 이 책의 특징 및 대상독자 :
8) 이 책의 장점 및 단점 :
9) 시장에서의 반응 전망 :
10) 차례 및 내용 요약
〈차례〉
서문
1장
2장
...
부록 A.
부록 B.
각주
색인
저자소개
〈내용요약〉
각 장별 내용 개략적으로 요약
11) 발췌번역
12) 역자총평
```

포스트에디팅(Post-editing)

국내에는 생소한 개념인 포스트에디팅이란 기계번역 프로그램으로 번역된 텍스트를 번역사가 다시 손보는 작업을 말한다. 기계번역이 방대한 전문영역에서 활용되는 경우, 번역된 텍스트를 검토하면서 기계번역이 해결하지 못한 부분을 수정하는 작업을 말한다.

이상에서 살펴본 바와 같이 오늘날의 번역사는 이제 더 이상 한 언어를 다른 언어로 옮기는 고유의 작업에서 머무르지 않으며 번역 이외의 다양한 작업을 수행한다. 어쩌면 이들에게 더 이상 'translator'라는 명칭은 걸맞지 않는 것으로 보이며, 이들은 다양한 종류의 언어서비스(language service) 및 자문을 제공한다는 점에서 언어서비스의 제공자(language service provider, LSP)라는 이름으로 불리기도 한다.

맺는 말

 우리는 '번역이란 무엇인가'에서 정의되지 않는 아포리아로서의 번역에 대하여 살펴보았다. 번역은 실제로 지극히 방대하고 포괄적인 의미로 사용되며, 그 자체가 일의적으로 정의되기 어려운 개념임을 확인하였다. 그러나 동시에 다른 한편으로 우리 사회에서 번역이란 종종 특정 장르(문학), 특정 언어에 국한된 의미로 사용되어 왔으며, 실무적 차원에서 드러나는 번역의 근본적 다양성이 간과되기 일쑤였다는 점을 확인하였다.

 '좋은 번역이란 무엇인가'에서는 번역에 대한 담론을 지배해 온 이분법적 사고, 즉 충실성과 가독성, 내용 전달을 중시하는 번역과 원문의 형식에 충실한 번역 간의 대립, 그리고 이러한 대립항들이 함의하는 바에 대하여 살펴보았다.

'번역능력이란 무엇인가'에서는 번역행위의 주체인 번역사, 그리고 번역사를 번역사이게끔 만드는 번역능력에 대한 기존 논의들을 정리하고 번역능력의 핵심이 언어능력이 아닌 일련의 선택과 결정 능력이라는 결론에 이르렀다.

마지막으로 '번역의 실제'에서는 보다 실무적인 관점에서 번역에 접근하고자, 문학번역이나 출판번역 외에도 영상번역, 실용번역 등에 대해서 살펴보았다. 번역사가 수행하는 업무들 중 엄밀한 의미에서 번역 영역을 벗어나는 다양한 유형의 언어서비스, 즉 요약, 감수, 코디네이션, 북 리뷰, 번역품질평가, 포스트 에디팅 등에 대하여도 개략적으로 살펴보았다.

서두에서 언급한 바와 같이 오늘날 우리 사회는 번역담론이 홍수처럼 넘쳐난다. 그런데 국내에서 누가 번역을 논하고 있는가? 대략 분류해 보면, 주로 영문학자, 출판번역종사자, 철학자를 비롯한 인문사회과학자들, 번역비평가, 실무자 등이 번역 관련 담론의 주된 생산자라고 볼 수 있다. 이들을 다시 크게 분류해 보면 번역에 대한 이론적, 원칙론적 성찰을 하는 그룹, 즉 이론가 그룹과 스스로의 번역 실무 경험을 바탕으로 번역을 설명하는 실무자 그룹으로 거칠게 대별할 수 있을 것이다. 물론 때에 따라서는 두 그룹에 동시에 속하는, 다시 말해 이론적 토대와 실무적 경험을 겸비한 저자들의 접근들도 존재한다. 그러나 어떤 경우에든 번역을 설명하는 데 있어서 이론과 실무 간의 간극이 존재함은 부정하기 어렵다. 번역이

론은 종종 실무를 외면하고, 번역 실무는 자신의 경험을 이론화하는 작업에 게으르다.

이렇듯 번역에 대한 논의는 일정한 틀에 갇혀 있기가 쉽다. 번역이론가들은 나름의 이론적 틀을 통해, 실무자들은 현장에서의 체험이라는 또 다른 틀을 통해 번역에 접근한다. 무엇을 출발지점으로 삼느냐에 따라 번역의 다른 측면이 드러나고, 종종 우리는 우리가 보는 것이 번역 현상의 전체라고 착각하게 된다. 따라서 본서에서 제기한 질문, 즉 번역이란 무엇인가라는 어찌 보면 단순하면서도, 대답하기 간단치 않은 질문에 대해서도 번역에 관심 있는 사람들의 숫자만큼이나 다양한 답변이 존재할 수 있을 것이다.

인류가 번역을 하기 시작한 그 순간부터, 번역에 대한 담론과 번역방식에 대한 성찰들, 번역 시 지켜야할 격률들이 만들어지기 시작했으며, 오늘날 우리 사회 역시 고유의 번역담론들을 끊임없이 생산해 내고 있다. 따라서 번역에 관하여 논한다는 것은 어쩔 수 없이 특정 시대, 특정 사회에서 이루어지고 있는 수많은 번역 담론들 중 일부를 소개하는 방식이 될 수밖에 없을 것이다.

본서에서는 번역학계를 지배해 온 이러한 핵심적 담론들을 소개하면서도, 번역 실무의 구체적 이해에 도움이 될 만한 정보들을 담고자 했다. 특히 번역에 대한 인식 자체는 번역이 이루어지는 사회나 언어권의 현실과 밀접하게 연결될 수밖에 없음을 감안, 최대한 국내의 상황, 특히 국내의 번역 실무 상황을 반영하고자 했다. 물론 이러한 접근 역시 그 자체의 한계를 가질 수밖에 없으며, 지나치게 개괄적이라는 비난을 피하기 어렵다. 그러나 말 그대로 '파편화'되어 있는 번역에 대한 담론을 이론이나 실무 중 어느 한쪽, 혹은 특정 유형의 번역에 대한 담론에 가두지 않고 하나의 그림으로 정리해보는 것도 나름대로 의미 있는 일이라 판단하였다. 물론 이상의 내용만으로는 감히 번역이 무엇인지를 충분히 보여주었다고 하기는 어렵다. 단지 번역이 가지고 있는 다양한 얼굴들을 지면이 허락하는 한도 내에서 최대한 폭넓게 언급하였을 뿐이다.

번역학자 슈타이너는 인간이 이토록 많은 언어를 사용하고 있는 것이야말로 인간의 역사에서 가장 설명 불가능하며 '비경제적인' 현상이라고 설명한다.[20] 인류의 역사는 항상 가장 생존에 유익하고, 가장 효율적인 방식으로 진화해 왔다. 그런데 인류는 왜 6,500개나 되는 언어를 만들어 내어 그토록 많은 소통의 문제를 겪고, 또 그토록 많은 에너지를 소통에 쏟아붓고 있는 것일까?

우리는 이 책을 "번역이란 무엇인가?"라는 물음으로 시작했지만 번역을 둘러싼 보다 더 근본적인 물음들은 여전히 남는다. 왜 그렇게 많은 자연 언어들이 존재하는가? 왜 인간은 그토록 오래전부터 번역해 왔고, 지금도 번역하려 하는가? 번역 활동과 작업의 철학적 또는 인간학적 의미는 무엇인가? 이쯤 되면 번역이라는 것이 인류가 서로 다른 언어를 사용하게 됨으로 인하여 발생한 필요에 의한 것인지, 혹은 인간이 본래 같은 것을 '다르게 말하는' 존재이며, 따라서 본래 타자의 말을 '번역하려는 충동'을 가지고 태어난 것인지가 불분명해진다. 어쩌면 이러한 질문들이야말로 우리가 번역이 무엇인가를 묻기 전에 한번쯤 생각해 보아야 하는 물음인지도 모른다.

부록

전문번역 요율표

(아래 제시된 기준은 한국외국어대학교 산하 통번역원이 제시하는 요율임.)

한국어에서 외국어로 번역할 경우

구분	언어	단가기준	단가	비고
1그룹	영어	한국어 원문 1자(공백포함)	최저 80원	난이도, 양, 납기 등에 따라 적용
	일어	한국어 원문 1자(공백포함)	최저 80원	
	중국어	한국어 원문 1자(공백포함)	최저 80원	
2그룹	독어	한국어 원문 1자(공백포함)	최저 90원	난이도, 양, 납기 등에 따라 적용
	불어	한국어 원문 1자(공백포함)	최저 90원	
	서반아어	한국어 원문 1자(공백포함)	최저 90원	
3그룹	러시아어	한국어 원문 1자(공백포함)	최저 100원	난이도, 양, 납기 등에 따라 적용
	아랍어	한국어 원문 1자(공백포함)	최저 100원	

외국어에서 한국어로 번역할 경우

언어	단가기준	단가	비고
영어	영어 1단어	최저 100원	난이도, 양, 납기 등에 따라 적용
일어	일어 1자	최저 40원	
중국어	중국어 1자	최저 50원	
불어	불어 1단어	최저 100원	
독어	독어 1단어	최저 120원	
서반아어	서반아어 1단어	최저 120원	
러시아어	러시아어 1단어	최저 180원	
아랍어	아랍어 1단어	최저 180원	

영어에서 외국어로

언어	외국어	단가기준	단가	비고
영어	불어	영어 1단어	최저 250원	난이도, 양, 납기 등에 따라 적용
영어	스페인어	영어 1단어	최저 250원	난이도, 양, 납기 등에 따라 적용
영어	독일어	영어 1단어	최저 250원	난이도, 양, 납기 등에 따라 적용
영어	일어	영어 1단어	최저 250원	난이도, 양, 납기 등에 따라 적용
영어	중국어	영어 1단어	최저 250원	난이도, 양, 납기 등에 따라 적용
영어	러시아어	영어 1단어	최저 250원	난이도, 양, 납기 등에 따라 적용
영어	아랍어	영어 1단어	최저 250원	난이도, 양, 납기 등에 따라 적용
영어	마인어	영어 1단어	최저 250원	난이도, 양, 납기 등에 따라 적용

주

1) 현재 한국외국어대학교 통번역전문대학원, 이화여대 통번역대학원에 통번역학 박사과정이 개설되어 있다.(이 밖에도 언어학이나 문학전공과정에서 번역학 관련 박사학위를 수여하는 곳도 다수이다.)
2) 로만 야콥슨, 권재일 옮김, 『일반언어학이론』, 민음사, 1989, 84쪽.
3) 쓰지 유미, 이희재 옮김, 『번역사 산책』, 궁리, 2001, 26쪽.
4) 『연세한국어사전』, 두산동아, 1998, 833쪽.
5) Eugene Nida, *The Theory and practice of translation*, E. J. Brill, 1982, p.200.
6) Gideon Toury, *Descriptive translation studies and beyond*, John Benjamins, 1995.
7) Jean-René Ladmiral, "La traduction, un concept aporétique?", In Israel, F. (Ed.), *Identité Altérité Equivalence : Traduction comme relation*, 2002, p.136.
8) 폴 리쾨르, 윤성우·이향 옮김, 『번역론 – 번역에서의 철학적 성찰』, 철학과현실사, 2004. 137쪽.
9) 박상익, 『번역은 반역인가?』, 푸른역사, 2006.
10) 움베르토 에코 외, 송태욱 옮김, 『움베르토 에코를 둘러싼 번역이야기』, 열린책들, 2005, 38쪽.
11) 쓰지 유미, 앞의 책, 32쪽.
12) 영미문학연구회 번역평가사업부, 『영미명작, 좋은 번역을 찾아서』, 창비, 2005.
13) Mossop, B., "Goals of translation revision. In Dollerup & Loddegard", (Ed.), *Teaching translation and interpreting : Training, talend and experience*, John Benjamins, 1992, p.83.
14) Peter Newmark, "Some notes on translation and translators", *Incorporated linguist* 8(4), 1965, p.85.
15) 베르나르 베르베르, 이세욱 옮김, 『뇌』, 열린책들, 2006, 13쪽.
16) Anthony Pym, *Epistemological problems in translation and its teaching*,

Caminade, 1993, p.28.
17) 이상원, 「한국 출판 번역 독자들의 번역평가규범 연구」, 한국학술정보(주), 2006, 25쪽.
18) 박상익, 앞의 책, 80쪽.
19) 이상원, 앞의 논문, 33쪽.
20) George Steiner, *Aprés Babel : Une poétique du dire et de la traduction*, Albin Michel, 1991.

번역이란 무엇인가

펴낸날	초판 1쇄 2008년 10월 1일
	초판 3쇄 2011년 5월 16일

지은이	**이향**
펴낸이	**심만수**
펴낸곳	**㈜살림출판사**
출판등록	1989년 11월 1일 제9-210호

경기도 파주시 교하읍 문발리 파주출판도시 522-1
전화 031)955-1350 팩스 031)955-1355
http://www.sallimbooks.com
book@sallimbooks.com

ISBN 978-89-522-1012-8 04080

※ 값은 뒤표지에 있습니다.
※ 잘못 만들어진 책은 구입하신 서점에서 바꾸어 드립니다.